KB233500

인간탐구

웰니스 삶을 위하여

인간탐구

웰니스 삶을 위하여

오길창 지음

이담 Books

인간탐구를 시작하며

인생은 유한하나 시작과 끝에 대해서는 아무도 모른다. 시간적 개념이나 공간적 개념도 인간의 편의에 의해서 만들어 진 것일 뿐 절대 무변의 것은 없다. 인간의 삶에 대해 일관된 것은 없다. 영원한 진실도 진리도 없다.

그러나 인간으로 태어나 어디서 와서 어디로 가는지를 한번 생각해 보는 것은 상당히 의미 있는 일일 것이다. 도대체 '삶이란 무엇인가?'에서부터 '인간이란 무엇인가?', '나는 누구인가?' 하는 문제는 어떻게 삶을 풍요롭게 살고, 인간이면 언젠가 부딪쳐야 하는 '죽음'을 알고 대비하는 과정이 되기도 한다.

먹고 사는 문제에 침잠하다가 어느새 죽음 앞에 섰을 때 인생 무상을 느끼게 된다. 누구나 인생을 조금이나마 의미 있게 살려고 노력한다. 어떻게 사는 것이 의미 있게 사는 삶인 가는 주관적이다. 철학과 심리학, 종교가 무지를 깨우치는 데 도움을 준다. 여기에 인간탐구의 목적이 있다.

　여기에 소개되는 것은 서울 남산에서 도를 닦는 과정에서 논의된 내용과 개인적으로 연구하는 인간탐구의 편린들을 모아가는 과정이다. 기본적으로 '몸이 마음을 만들고, 마음이 몸을 만든다'는 큰 틀 안에서 몸과 마음을 최상의 상태로 올려 나가는 과정이다.

　여기서 다루는 주된 화두는 건강과 행복이다. 누구나 원하는 건강과 행복을 얻는 원리를 탐색해가는 과정이다. 하나의 길보다는 통섭의 길을 택하고자 한다. 여러 전문 분야를 통섭하면 삶의 길도 통합으로 보이기 때문이다.

　웰니스wellness적인 삶의 방식이다. 여러 가지 방법이 있을 수 있지만 가장 효과적인 방법을 모색해 나가고자 한다. 삶의 원리를 깨우치고 이를 행할 수 있다면 목적 있는 삶이 되고, 보다 더 의의 있는 삶이 될 것이라 믿기 때문이다. 모든 것은 '한 생각'에서 시작되는 만큼 어떻게 마음먹느냐에 따라 인생은 달라진다. 삶의 궁극적인 문제 해결, 우리끼리는 이를 '천기누설'이라고 부른다. 어떤 극한 상황에서도 문제의 해결은 자신에게서 찾도록 한다.

"구도의 길을 떠나는 여정은 위대한 여행이다. 아무도 이보다 더 높은 산의 꼭대기에 올라가 본 자가 없고, 아무도 이보다 더 깊은 대양에 뛰어들어 본 자가 없다. 이 여행 자체보다 더 깊은 것도 없고 더 높은 것도 없다. 그러므로 이 길을 걷고자 하는 자는 누구든 아주 긍정적이어야 한다. 궁극적인 것을 추구할 때, 비록 그것을 얻지 못한다 할지라도 그대는 기쁨과 행복으로 충만해질 것이다."

인생의 길을 찾아 고민하는 청소년들과 삶과 죽음을 넘나들며 길을 잃고 방황하는 이들, 삶의 질을 높이고 풍부하게 살고 싶은 이들, 인간의 속성을 깨우쳐 깨달음을 얻고 싶은 구도자들과 함께 하고 싶다.

2013년 3월
일산 구궐제에서
오길창

목
차
—

1부

인간탐구

...

자기 주도적인 삶을 위하여

　우리의 삶은 변화되지 않으면 발전이 없다. 변화를 위해서는 우선 사고의 패러다임이 바뀌어야 한다. 즉 행동습관이 새롭게 형성되어야 한다. 그러나 새로운 습관을 만들기는 상당히 어렵다. 가장 유용한 방법은 기존 습관은 놔두고 새로운 패턴을 구축해 나가는 것이다. 평소 생각하는 것과 비교하면 변화가 어렵다.

　새로운 논리로 접근해야 한다. 옳고 그른지 따지지 말아야 한다. 새로운 논리로 세상을 본다는 맥락이 있어야 한다. 핵심은 유용성의 문제이다. 새로운 논리로 본인의 삶을 정리한다는 생각으로 중요한 동기 발견이 필요하다. 즉 자기화가 이뤄져야 한다. 도움이 된다고 생각되는 것의 경우의 수를 드러내 놓으면 성과가 크다. 과정은 몸과 마음, 사고의 전환이 선행되어야 한다.

　몸을 통해 사고나 정서가 실현되는데 서양에서는 이 부분을 이해하지 못한다. 그런 문화가 없기 때문이다. 몸에 관련된 훈련은 반복적으로 끊임없이 100일 정도 지속되어야 효과를 얻게 된다. 100일 정성이라는 말에 유의할 필요가 있다. 그러면 사고와 정서도 따라서 정착되게 된다. 이 부분을 놓치면 시간이 늦어지게 된다. 빠르면 보름 만에, 늦으면 한 달 반 만에 변화가 시작된다. 젊을수록 빠르고 열심히 하는 정도에 따라 차이가 난다.

시스템을 효율적으로 바꿔야 한다. 에너지체계의 중심이 가슴에서 에너지의 근원인 배로 내려와야 한다. 서양에서는 머리에서 가슴으로 내려오는 단계이다. 물질적인 끝을 봐야 근원과 맞물리게 된다.

끝은 경계이다. 몸이 끝까지 고행과 고통을 겪게 되면 근원인 에너지, 성령, 본질, 금단과 맞물리게 된다. 이는 성경과 불경이 증명해 준다. 예수와 부처의 삶에서 알 수 있다. 변화를 위해 효율적으로 수련하는 것은 전통적인 방법이다. 방법상으로 취지에 맞게 설정하면 최고의 효율성, 최고 경지에 갈 수 있는 단초마련의 계기가 된다.

남산에서 수련하면서 논의한 인간본성에 대한 조각을 모아가는 과정에서 건강과 행복을 위한 자기주도의 학습을 위해 인간탐구를 시작한다. 한 순간의 생각에 따라 인생의 삶과 죽음을 갈라 놓는 만큼 열린 마음과 긍정적인 마음으로 오늘을 가치 있고 의미 있게 보낼 때 망상과 집착에서 벗어나 마음의 안정을 찾을 수 있다. 어떤 상황에서든지 '나' 이외의 다른 것에서 답을 구하지 말고 '나'를 알고 '나'를 통해 진정한 '나'를 깨우쳐 가는 과정에 동참할 것을 권한다.

삶의 이해
삶 이란 무 엇 인 가 ?

　삶과 죽음- 삶을 구하기 어려우면 죽음도 가벼이 여긴다. 사람 사는 것이 한없이 복잡한 것 같아도 의외로 간단하다. '죽기 아니면 살기'이다. 현재 상태에 만족하지 못하고 보다 나은 시간과 공간을 찾아 방황하는 게 사람 삶의 전부라 해도 과언이 아니다. 자기 힘이 모자라면 남의 힘을 빌리게 된다.

　삶은 시작과 끝이 있다. 출생과 입적 사이의 과정으로 탄생에서 죽음을 포함하는 개념이다. 잘 죽는 것이 잘 사는 것이다. 태어날 때부터 날숨과 들숨이 있다. 날숨은 시작이고 들숨은 끝이다. 날숨은 내놓는 것이고 들숨은 얻는 것이다. 내놓아야 얻는 것이다.

　삶의 궁극은 원하는 상태이다. 궁극적인 것은 원하는 것이다. 원하는 것은 목적으로 궁극적으로 편안한 상태이다. 지속성이 문제이다. 에너지체계와 신경체계의 활성화를 통한 정서와 사고의 최적화가 이뤄졌을 때 편안한 상태를 유지할 수 있다. 시스템이 모든 존재의 방식이다. 목표에는 원하는 상태가 있다. 목표를 이루지 못했을 때도 원하는 것을 이룰 수 있는 대안이 가능하다.

삶의 의미는 존재의 의미이다. 존재의 의미는 존재의 틀과 밖의 틀과의 관계를 통해 가치가 있다고 해석될 때 의미가 생긴다. 의미는 관계 속에서 생긴다. 가치가 있느냐 없느냐는 해석에 따라 달라진다. 전체에서 개체가 쓸모 있을 때 가치가 있는 것이다. 효용의 문제이다. 존재가 쓸모 있을 때 가치가 있다. 삶의 의미는 삶 밖에 있다. 시작과 끝은 맞물려 있다. 끝은 새로운 시작으로 순환된다. 과거와 미래는 만나게 된다.

산다는 것은 순간의 상태를 느끼는 것이다. 바람직한 상태는 원하는 상태이다. 궁극으로 원하는 것은 상태이다. 즉 모든 것을 통합해 내는 것이다. 삶의 질과 연계된다. 원하는 것은 상태이고 목표는 과정이다. 대부분 목표에 초점을 두고 있다. 원하는 상태를 헤아리지 못하면 절벽에 다다르는 느낌을 받는다. 원하는 상태를 충족시키기 위해서는 무엇이 필요한가. 원하는 상태를 위해 움직이고 있는데 모르고 있을 뿐이다. 박사학위 받는 것은 목표이다. 원하는 상태는? 궁극적으로 원하는 것은 상태의 지 속성이다. 편안한 상태를 이끌어 내기 위한 과정인데 맞물림으로 불편함이 있어야 한다. 궁극적으로 원하는 상태는 편안한 죽음이다.

삶은 형식으로 보이는 것이다. 보이지 않는 내용이 먼저 추구되어야 한다. 권력이나 돈, 여자, 남자 등은 형식이다. 형식이 모두 없어져도 내용이 있으면 회복된다. 보이는 것은 보이지 않는 내용을 담기 위해 필요하다. 사업도 형식적인 돈에 목표를 두면 망하고 역도 성립한다. 조화가 이뤄져야 한다. 순서는 내용이 우선이다. 요리사를 뽑을 때 인간성이 좋지만 요리를 제대로 못하면 리더가 못되듯이 형식도 중요하다. 공부도 내용이 우선인데 형식도 반드시 필요하다. 교수가 인간성이 없고 실력도 없으면 존재가치가 없다. '정성껏 모시겠습니다'는 것은 내용이다. 퉁명스런 언행에도 맛을 찾아 손님이 오는 것은 형식 속에 내용이 숨어 있기 때문이다.

신이 있느냐 없느냐는 유추를 통해 알 수 있다. 유추는 비유와 상징이다. 믿음은 보이지 않는 것을 믿는 것이고, 보이지 않는 것은 경험되지 않는 것이다. 유추는 경험된 것이다. 원인과 결과의 인과라는 구조를 가지고 이해할 수 있다. 종교적인 믿음은 존재의 불안에서 시작되고 가장 근원적인 것은 죽음이다. 죽음은 잃는 것이고, 소유욕에 대한 불안이다. 죽음을 두려워하는 것은 죽음을 직면하는 것을 피하기 때문이다. 경험해 보지 않았기 때문이다. 보이지 않은 전체를 검증해서 신을 믿으려는 것은 불가능한 일이다.

머리형은 형식을 우선한다. 종교에 귀의하기 어렵다. 수련을 통해 머리형에서 가슴형으로, 가슴형에서 장형으로 맞춰가야 한다. 균형을 맞춰 내용을 알면 가능하다. '너희가 너를 알고 상대를 알고 우주를 알면 만사여의'라는 말과 같다. 서비스에서도 보이는 것은 모두 형식이고 내용은 숨어 있다. 편안함이나 분위기, 말투, 인테리어, 손짓 등이다. 내용만 너무 치중하면 현실적인 수지를 맞추지 못하는 경우도 있다. 수련을 통해 내용을 습득해야 한다.

원하는 것과 목표는 분리해야 한다. 돈을 버는 목표는 오직 목표만을 추구해 돈을 모으면 허무하게 된다. 목표를 추구할 때 원하는 것을 항상 헤아려야 한다. 그래야 궁극적인 상태에 도달하게 된다. 목표가 끝이 아니라 원하는 것이 궁극이다. 원하는 것(상태)이 지속적으로 유지될 수 있느냐가 문제이다. 편안한 상태, 행복한 상태 등이다. 이를 위해서는 심신시스템의 최적화와 지속성을 이룰 수 있는 목표가 있어야 한다. 심신시스템의 최적화가 이뤄져야 지속성 이루는 목표설정이 가능하다. 이 두 가지가 설정되어야 원하는 상태의 유지가 가능하다.

목표는 원하는 상태를 얻기 위한 수단(루트)이다. 나의 관점으로만 생각하지 말고 사고를 확장해야 한다. 효율성의 문제이다. 사법고시 목표 위해 10년 노력하는 것은 비효율적이다. 어떻게 사는 것이 효율적이냐는 관점에서 봐야 한다. 금연은 담배를 끊는다는 목표를 통해 얻고자 하는 상태이다. 금연은 그 얻고자 하는 상태를 끊으면 가능하다. 반복과 습관화 되면 잠재의식(무의식)적으로 이뤄진다.

패러다임 전환
몸과 마음, 사고체계의 전환

동양학은 동양인의 삶의 방식이다. 공자나 장자, 노자를 공부하는 것이 아니다. 현재 서양식 방법으로 동양학이 이뤄지고 있다. 학술 중에 학에만 치중되고 있다. 술이 학을 정리함으로 술이 우선이다. 인문과학 분야는 더욱 심하다. 이론만이 아닌 실천(수행)이 있어야 한다. 동양학은 실천학에 근본 바탕을 두고 있다. 서비스학도 이론이 아니고, 술인 실천이 중요하다. 서비스도 에너지 부분이 바뀌어야 진정한 서비스가 나온다.

몸, 마음, 사고체계의 전환을 위해 각각의 훈련이 필요하다. 구조문제가 아닌 3가지 패턴이 확장된다. 몸에 관한 패턴을 다양화해야 한다. 마음(정서) 상태도 확장해야 한다. 마음을 다스리는 데는 에너지가 필요하다. 누르는 것이 가장 쉬운데 에너지가 있어야 한다. 사고체계의 확장을 통해 패러다임 전환이 가능하다. 사고의 패턴을 다양화해야 한다. 에너지를 최대화 할 수 있는 뇌신경 체계 확장이 가장 핵심이다. 뇌신경 시스템을 다양화하고 활성화시켜야 한다.

　자기를 이해하는 것은 삶의 확장을 의미한다. 운동은 움직임을 끌어내는 것이다. 건강을 위해 필요한 움직임을 이끌어 내야 한다. 운동은 노동과 다르다. 마라톤이나 러닝머신, 등산, 농사일 등은 노동이다. 에너지 동원해 가면서 하는 것은 얻는 것이 없다. 시간이 지나면 제자리로 돌아오기 때문이다. 효율성이 높은 운동이 가장 좋다. 에너지 소모에 관계되기 때문이다. 에너지 효율성이 삶의 효율성으로 연관된다. 에너지 소모가 많으면 노동이 된다. 에너지 소모를 최소화 하면서 천천히 해도 운동량은 똑 같게 된다. 노동은 많은 에너지가 필요하게 된다. 그러나 시스템이 정상화 되면 많이 먹히지 않게 된다.

　에너지 공급 방법은 입으로 물질을 받아들여 에너지를 만들어 내는 것이다. 물질이 에너지를 만들고 에너지가 물질을 만드는 것은 자연적인 생명현상이다. 에너지 통로를 확장시켜 활성화해야 한다. 비구니나 수녀 중 아픈 사람이 많은 것은 제대로 먹지 않고 움직임이 적기 때문이다. 건강은 명사화 시키지 않아야 한다. 계속 변하기 때문에 동사화 시켜야 한다. 건강상태는 변화 속에서 유지하기 위해 노력하는 것이다. 에너지를 보존하는 방법은 말을 줄이고, 항문(괄약근)을 조여 에너지를 끌어 들여야 한다. 배가 고플 때 괄약근을 조이면 에너지 공급이 많지 않아도 견딜 수 있다.

운명과 숙명
심 신 에 너 지 극 대 화 로 운 명 개 척

명 속에는 시작과 끝이 있다. 명은 씨앗(설계도)과 같다. 소나무 씨앗은 소나무로 커 나갈 수 있는 설계도가 있다. 천명은 하늘이 설계도를 만드는 것이고, 운명은 설계도를 이끌어 나가는 것이고, 숙명은 어쩔 수 없이 설계도 그대로 살아야 하는 것이고, 인명은 사람으로 설계도를 가지고 태어난 것이다. 생명체는 삶(시작)과 죽음(끝)이 있는 것이고, 생체는 살아 있는 자체를 말한다. 태어나면 죽는다는 정해진 부분은 숙명이고, 자기 의지로 이끌어 나가는 것은 운명이다. 그래서 운명이 더 어려운 것이다.

시작과 끝에는 흐름과 거리, 방향이 있다. 삶의 흐름이 중요하다. 물의 흐름과 같다. 한순간도 똑같지 않다. 흐름의 패턴은 높낮이가 있고 파동이 있다. 높은 데 가면 낮은 데로, 낮아지면 높은 데로 가는 것이 숙명이다. 운명은 낮은 부분(−)을 최소화하는 것이다. 운이 좋다는 것은 잘 이끌어 나가고 있다는 것이다. 좋고 나쁜 것은 감을 통해 알 수 있다. 재물 운이나 승진 운이 좋다는 것은 감이 높아진 것이다. 시스템 효율을 높여야 감을 높일 수 있다.

숙명은 태어날 때부터 정해져 있어 바꾸지 못하거나 바꾸기 힘든 것을 말한다. 남과 여, 부모형제, 국적, 출생지 등과 같다. 운명은 계속 바꾸어 나갈 수 있고, 노력을 통해 바꾸어 나가야 하는 것을 말한다. 직업이나 배우자, 자녀, 거주지, 학력, 재산 등 삶의 과정에 있어 모든 것을 일컫는다. 명이란 삶의 씨앗이며, 설계도이며, 유전자에 각인된 정보이다.

삶의 흐름은 늘 오르내림을 반복하게 된다. 만족스런 삶과 그러하지 못한 삶은 각 삶의 흐름의 국면에서 올바른 선택을 하느냐 못하느냐에 달려 있다. 삶의 흐름곡선을 이상적으로 변화시키기 위해서는 심신체계의 정합을 통한 심신에너지 극대화로 운명을 개척해 나가야 한다. 삶이란 태어나서 죽을 때까지를 말하지만, 순탄하기만 한 삶만 있거나 역경에만 가득 찬 삶만은 없다. 미리 정해진 삶을 살아가는 숙명적인 삶의 자세를 벗어나 이끌어가는 운명적인 삶의 자세를 가지고, 삶 전체에 있어 끊임없이 환경과 교류하며 자신을 발전시키고 적응시켜 나아감으로써 보다 나은 삶을 살아나가야 한다. 감옥에 있는 수형자들은 보통 사람의 삶을 이상형으로 생각한다. 보통 사람은 자신보다 더 잘사는 이들의 삶을 동경한다. 그러나 한 생각을 바꿔보면 모두 같은 삶일 뿐이다.

성공의 3요소는?

때와 인연, 역할이 맞아야

삶을 이끌어 가는 데는 항상 선택이 문제가 된다. 올바른 선택을 위해서는 때와 인연, 역할이 다 맞아야 한다. 바람직한 선택, 최상의 선택을 위해 항상 이를 되새겨야 한다. 때는 무의식 수준에서 느껴져야 한다. 이를 위해서는 시스템이 향상돼야 한다. 사주로 하는 방법도 있다. 인연 고리는 바람직한 선택의 열쇠가 된다. 인연 고리가 연결될 때 '지금이 때이다'고 할 수 있다. 역할은 개인의 능력인데 시대적인, 사회적인 역할을 말한다.

성공을 위한 세 가지 요소가 있다면 무엇을 들 수 있을 것인가? 성공은 올바른 선택의 연속이라고 할 수 있다. 올바른 선택을 하기 위해서는 때가 맞아야timing 하고, 인연 고리network가 있어야 하고, 자기 자신의 역할ability이 있어야 한다. 즉, 타이밍이 맞아야 하고, 인간관계의 네트워크가 잘 형성되어야 하고, 무엇보다도 중요한 자신의 능력이 뒤따라 주어야 한다. 때가 맞지 않는다는 것은 아무리 인간관계나 능력이 있더라도 시류에 부합되지 않으면 성공하지 못한다는 것이다. '때를 잘 타고 났다'든지, '시류에 맞다'든지, '운이 좋았다'는 것은 그 시점에 우리의 역할과 인연 고리가 일치한 것을 말한다. 이처럼 올바른 선택을 통한 성공을 위해서는 때와 인연 고리와 능력을 알아차리고 헤아릴 수 있어야 하며, 이는 심신에너지와 신경체계의 활성화를 통해서만 가능할 수 있다.

올바른 선택을 하는 것은 삶의 흐름에서 끊임없이 마주치는 선택국면에서 얼마나 효율적인 선택을 하느냐에 달려 있다. 의식 수준에서의 알아차림과 헤아림은 한계가 있고, 무의식 수준에서의 심신상태 최적화를 통해서만 가능하게 된다. 삶의 효율성은 신경체계 활성화로 지속적이고 올바른 관계와 교류를 통해, 즉 지속적이고 효율적인 심신에너지의 활성화를 위한 노력을 통해 확보될 수 있다. 성공은 하고 싶다고 되는 것이 아니고 모든 조건 이 맞아야 이뤄진다.

학습의 4단계
무 지 에 서 벗 어 나 기 위 한 부 단 한 노 력 필 요

학습에는 4가지의 단계가 있다. 첫 단계는 무능력과 무의식의 인식하지 못하는 무능력 단계에서 출발해, 둘째 단계는 무능력과 의식의 인식하는 무능력 단계, 셋째 단계는 능력과 의식의 인식하는 능력 단계, 넷째 단계는 능력과 무의식의 의식하지 않는 능력 단계인 무의식 자동반응 단계이다.

자동차 운전의 예를 보면 처음에는 운전할 줄도 모르고 운전하려고 한 적도 없다. 둘째 단계는 운전은 못하지만 운전을 하려고 연습하는 단계이다. 셋째 단계는 의식적 조작을 통한 숙련과정이다. 넷째 단계는 자동반응에 따라 운전할 수 있는 단계이다. 이처럼 학습의 단계는 무의식 상태에서 출발해 의식단계를 거친 다음 다시 자동반응화 할 수 있는 무의식의 단계로 완성된다고 할 수 있다.

에너지 제1법칙인 최소화의 법칙에 따라 새로운 정보나 행동을 의식차원에서 매번 새롭게 구성하지 않고, 90% 이상을 의식하지 않거나 못하는 무의식 차원에서 자동으로 반응하게 된다. 이는 좋은 결

과가 반복되거나 어떤 목적을 위한 숙달과정이거나 자동 반응적인 사고 패러다임과 행동습관의 형성, 피드백 과정을 거쳐 그로 인해 얻어지는 것이 있는 한 더욱 더 고착되는 과정을 거치게 된다.

습관적인 선택은 자극에 대한 빠른 반응을 위해 무의식적 자동적으로 반복된 선택을 하게 된다. 여기에는 습관적인 사고 패러다임과 행동습관에 의한 것과 선호, 가치, 지식, 호오 필터 등 각종 필터에 의한 것과 나와 세상, 나와 세상과의 관계 등 핵심신념에 의해 습관화된 선택을 하게 된다.

이는 시스템이 별도의 노력 없이 행할 수 있고, 결과에 대한 예측이 가능하다고 믿고 있기 때문이며, 얻어지는 것이 있기 때문이고 개인의 정체성 유지가 쉽기 때문이다. 습관적 선택은 환경, 자신, 관계, 입장, 역할 등의 변화에 따라 처음 형성되었던 사고 패러다임과 행동 습관이 가져왔던 결과들을 계속적으로 결과에 있어 같거나 더 나은 결과를 이루어내지 못하게 된다. 이로 인해 틀에 갇히게 되고 나이가 들면 들수록 이 틀은 점점 더 확고해지게 된다.

이는 변화된 관계와 맥락에서 점점 더 얻고자 하는 것을 얻기 힘들어짐을 의미한다. 얻고자 하는 것에 부응하면 유효한 것으로 인지하여 반복된다. 일단 패러다임이나 행동습관이 형성되면 습관적 선택에 의한 자동반응으로 반응한다. 무지에서 벗어나기 위해서는 항상 열린 마음으로 모든 것을 받아들일 수 있는 습관형성이 중요하다.

3가지 심신시스템
인간의 속성을 파악하는 핵심 키워드

삶의 질을 높이기 위해서는 몸과 마음을 이해하고 시스템의 구조를 이해해야 한다. 심신시스템 전체에 대한 이해 없이 몸과 마음을 구분하여 각각에 대처하는 삶을 살아감으로써 삶 전체의 효율을 떨어뜨리고 있다. 삶 전체의 효율성을 증대시키기 위해서는 심신시스템의 근간인 3가지 심신시스템의 이해와 그 중 핵심이 되는 에너지체계에 대한 이해가 필요하다.

3가지 심신시스템은 물질체계와 에너지체계, 운영체계로 구분된다. 물질체계는 가슴을 중심으로 5장 6부를 관할하는 장부시스템으로 주 통로는 혈관이고 개체 지향적이다. 에너지체계는 배를 중심으로 한 경락시스템이고, 주 통로는 기맥이며 전체 지향적이다. 운영체계는 머리를 중심으로 한 뇌신경시스템이고, 주 통로는 신경이다. 물질화될수록 분리를 통해 개체생존을 우선시하는 개체 지향적이 되며, 에너지화될수록 통합을 이뤄 전체를 지향하는 전체 지향적이 된다.

물질체계는 근력이 바탕이 되고 몸을 만들어낸다. 에너지체계는 기력이 바탕이 되고 마음을 만들어낸다. 뇌신경체계는 센서역할을 한다.

느낌은 뇌신경체계를 통해 이뤄진다. '아프다'는 것도 뇌신경을 통해 전달되며, 진통제는 뇌신경체계를 무디게 만든다. 두통이 없으면 머리가 있는지 없는지도 모르다가 아프다는 것으로 신경체계의 집중을 요구하는 것이다.

문제해결을 위해서는 에너지 소모가 필요하다. 물질은 에너지 응축과정이다. 물질체계 문제해결은 에너지시스템이 담당한다. 침에 의한 공포는 뇌신경체계에서 느낀다. 침은 아픈 데 놓는다. 아픈 데 신경을 자극하는 것이다. 신경체계에 신경 쓰면 에너지가 모여 해결한다. 침을 맞으면 통증이 없어지는 것은 에너지가 모여 목적이 이뤄지기 때문이다. 신경체계의 속성상 처리 우선순위를 바꾸면 통증이 없어진다. 허리 아픈데 발에 침을 놓으면 일시적 통증 없어졌다가 나중에는 더 아프다. 신경이 모였다가 원상태로 돌아가기 때문이다. 뇌신경망은 복사된다. 부부가 오래 같이 살면 닮아가는 것이다.

3가지 시스템 중 어느 하나가 이상을 일으키게 되면 전체의 기능이 올바로 작동하지 않는다. 3가지 시스템의 총합은 가장 낮은 수치의 시스템에 의해 결정된다. 심신시스템의 정합은 3가지 시스템의 동시적 향상으로 이뤄지는 것이 가장 바람직하나 가장 낮은 수치의 취약부분 시스템부터 개선해 나가야 한다. 3가지 시스템 중 어느 한 시스템의 개선이나 향상은 반드시 다른 시스템의 향상에 도움을 준다. 바람직한 접근은 에너지시스템과 운영(신경체계)시스템의 향상을 동시에 추진하는 것이 지속적인 향상을 가능하게 할 수 있는 방법이다. 기존의 물질체계 중심의 방식에서 경로확장이나 알아차림, 헤아림 등의 운영체계와 기운 쌓기 등 에너지체계 중심의 방식이 필요하다.

에너지는 사고, 감정, 활동의 모든 부분에 필요하다. 물질체계와 운영체계를 가능하게 하는 것도 에너지체계로부터 시작된다. 마음은 에너지의 흐름 위에서 감정과 사고의 영향으로 형성된다. 사고는 감정의 영향을 받아 형성된다. 몸은 에너지를 최적화하기 위해 에너지 사용을 최소화하는 구조로 되어 있다. 삭제, 왜곡, 일반화를 통한 정보의 취사선택과 첫인상 형성, 습관이나 패러다임의 형성 등이 효율성을 기초로 에너지를 최소화하면서 최대효과를 얻는 것이다. 대부분의 사고 및 행동은 의식하지 않는 수준에서 자동적으로 행해진다. 제한된 에너지 상태에서 틀이나 고정관념에 사로잡히게 된다. 심신에너지 효율성은 몇 차례의 에너지 최소화와 활성화 과정을 통해 원하는 상태를 유지하게 되며 결국 넘나드는 삶과 무위자연의 삶을 살게 된다.

물질과 에너지, 신경체계가 조화를 이뤄야 한다. 에너지가 충족되어 물질이 된다. 병든 세포를 없애려면 에너지가 새로운 세포를 만들어야 한다. 에너지 동원체제를 감지하는 것은 신경체계이다. 어떻게 효율적으로 만드느냐가 관건이다. 에너지 동원과 뇌신경체계 활성화가 건강한 삶의 필수요소이다. 현재 의료체계는 이를 받아들이지 않아 무너져 내리고 있다.

통증구조는 에너지 집중을 위한 과정이다. 문제해결을 위해서는 에너지가 필요하고 신경체계가 살아 있어야 한다. 물질체계의 문제는 신경체계가 감지 못해 에너지 동원을 시키지 못하는 데 있다. 문제해결을 위해서는 일상 활동 이외의 에너지 동원이 필요하다.

뜸은 불기운, 화기로 신경체계를 자극한다. 침은 신경체계를 자극하고 에너지 흐름을 조절한다. 한방의 경락이나 사상, 8체질은 아직도 연구 중에 있다. 에너지 동원에 필요한 침은 살짝 해야지 과다하게 자극하지 않아야 한다. 뇌신경체계는 반복돼 계속하면 신경 안 써도 된다. 관건은 뇌신경체계censor 활성화와 동원될 에너지 충족이기 때문이다. 문제는 단순하고 해결도 단순하다.

신경체계의 구성과 활성화

기운 쌓기와 뇌 운동

　　신경체계는 뇌를 중심으로 몸 전체에서 감각을 전달하는 신경인 감각신경과 운동을 통제하는 운동신경으로 구성된다. 신경체계는 물질체계와 에너지체계의 센서역할을 하게 된다. 뇌는 언어를 관장하는 좌뇌와 이미지를 관장하는 우뇌로 구성되며, 뇌량으로 연결된다. 바다라는 언어는 '시원하다'라는 이미지를 뇌량이 연결시켜 준다. 간질환자인 경우 뇌량을 끊어 버려 특정 사물에 대한 이미지 전달을 막게 해준다. 오른쪽 눈은 좌뇌와 연결되고 왼쪽 눈은 우뇌와 연결돼 한쪽을 가리면 한쪽을 이해 못 하게 된다. 쌍절곤 운동은 뇌량을 활성화시켜 주는 역할을 하게 된다.

　　신경체계의 활성화는 전체와 개체단위의 정보공유를 통해 최적화를 이끌어낸다. 신경체계의 활성화는 신경체계의 특성에 따른 연결과 활용에 중점을 두게 된다. 좌, 우 양수 협응 동작에 의한 분리훈련과 신경체계 통합훈련을 통하여 신경체계의 근간이 되는 좌뇌, 우뇌의 발달 및 통합적 사용을 유도하게 된다.

사고체계의 확장인 학습을 통한 다양한 패턴과 경로의 경험을 통한 신경체계의 활성화가 이뤄진다. 신경체계의 활성화는 수련에 의한 몸의 숙련도 향상을 통한 느낌으로 피드백됨으로써, 센서로서의 신경체계 활성화는 물론, 수련자 자신의 자아효능감이나 자아존중감 등의 자신감을 향상시켜 지속적 수련 및 발전의 동기로 작용한다. 신경체계의 활성화를 위한 여러 수련 및 학습은 몸과 마음에 상호 피드백을 줌으로써 수련효과의 극대화를 꾀할 수 있다.

우리 몸에 있는 감각점은 그 민감성과 중요성에 따라 밀도가 다르다. 그에 따라 뇌에서 신체 각 부위의 운동과 감각을 담당하는 신경세포의 밀도도 달라지는데 이것을 기준으로 사람을 상징적으로 그린 것을 '사람 속에 있는 작은 난쟁이'란 뜻의 '호먼큘러스'라고 한다. 호먼큘러스를 보면 다른 곳에 비하여 손과 입에 감각점이 많은 것을 볼 수 있다. 손을 많이 움직이면 뇌의 활동이 강화되는 것이다.

기운 쌓기는 에너지체계의 축이 되는 중요한 과정으로 에너지의 흐름과 양을 원활하게 하고 증진시켜 준다. 기운 쌓기 과정에서는 생각을 흘려보내려 하지 말고 그 생각과 함께 일어나는 몸의 느낌에 주의를 집중해야 한다.

쌍절곤을 이용한 신경체계 훈련은 몸의 오른쪽 팔과 왼쪽 팔을 동시 숙달을 통하여 우뇌와 좌뇌의 균형발달 및 통합을 목적으로

하고 있다. 훈련을 통한 좌우 협응에 의한 몸에서의 숙달된 느낌
은 무의식에서의 자동반응에 직접 전달되어 연합하게 된다. 훈련
도중 몸에서 떨어진 부분의 쌍절곤 끝에까지 신경을 집중하여 쌍
절곤에 무게가 걸려 팽팽한 느낌으로 움직이도록 노력해야 한다.

　나이 들면 처음 신경체계가 무너진다. 영의 세계는 에너지 제
로상태이다. WHO는 건강의 4요소를 육체적, 정신적, 사회적, 영
적으로 건강한 상태로 규정짓고 있다. 서양이 앞서나가고 있다.
에너지체계가 활성화되면 영적 토대가 마련된다.

타고난 잠재조건
물질체계와 에너지체계

보이는 것은 물질이고 보이지 않는 것은 에너지다. 물질과 에너지는 응축과 분해를 통해 순환된다. 물질분해가 에너지이고 에너지 응축이 물질이다. 몸에서 일어나는 모든 것은 물질과 에너지의 순환이다.

자연현상에서 일어나는 모든 것도 마찬가지이다. 에너지 부분을 놓치는 경우가 많다. 물질 관장시스템과 에너지 관장시스템이 교류가 이뤄지는데 따로 설정되어야 한다. 에너지 공급되는 라인이 따로 있어야 한다. 대등한 관계가 이뤄져야 한다. 그러나 현재는 물질체계에만 초점이 맞춰져 있다. 먹고, 자고, 배설하고 하는 것을 건강과 연관 짓는다.

에너지체계를 어떻게 활성화시킬 수 있느냐가 관건이다. 이를 인지하지 못해 실수를 범하고 있다. 동양학에서는 에너지체계를 단전에 두고 있다. 한의학은 경락에 두고 있다. 기운 쌓기는 에너지를 최적화하는 운동으로 기력을 높이는 것이다. 물질은 근력이고 에너지는 기력이다. 심신의 최적화는 에너지체계를 활성화시키는 것이다. 물질체계와 에너지체계의 중간자 센서 역할을 하는 운영체계가 뇌신경체계이다. 에너지체계를 살리는 데 중요역할을 하는 것이 뇌신경체계이다. 3개의 시스템이 다 같이 움직여야 한다.

한의학에서 침, 뜸, 약이 3가지 대표 수단이다. 침은 뇌신경체계를, 뜸은 에너지체계를, 약은 물질체계를 담당한다. 심장을 움직이는 것은 에너지체계이다. 에너지체계가 물질체계를 받쳐주고 생명유지에 필요한 부분이다. 운영체계는 사고를 담당하는 정신이며, 에너지체계는 마음을 담당하는 정서이며, 물질체계는 몸을 담당하는 행동이다.

머리가 운영체계인 뇌신경을 담당하며 중심은 뇌이다. 가슴은 물질체계를 담당하는 오장육부로 심장이 중심이다. 배는 에너지 중심영역인 경락으로 단전이 중심이 된다. 지금까지 물질체계 중심으로 운영이 되어왔다. 운동도 근력강화에만 중점을 두고 있다. 뇌와 단전부분은 거의 손을 대지 않고 있다. 그러나 뇌와 단전부분도 같이 맞춰줘야 진정한 건강을 유지할 수 있다.

믿음은 보이지 않는 것을 믿는 것이다. 믿음에 대한 보상은 자신이 믿는 것을 보게 된다는 것이다. 이런 이유로 보이지 않는 부분을 믿어야 한다. 신앙생활의 중요성이 여기에 있다. 지금까지 보이는 부분에만 초점을 맞춰왔다. 앞으로 보이지 않는 것에 중점을 두어야 한다. 뇌신경체계는 보이는 것과 안 보이는 것을 연결시켜 준다. 핵심이 되는 것은 에너지체계이다.

감정의 감은 물질체계의 반응을 통해서 느껴야 한다. 행복한 생각만으로 행복감을 느끼지 못한다. 행복감이 있어야 행복이 존재한다. 행복 그 자체는 존재하지 않는 것이다. 몸으로 반응해야 느끼게 되어 몸의 상태가 그만큼 중요하다. 마음과 감정을 다스리려면 에너지를 해결해야 한다.

서비스는 형식이 아닌 내용이 되어야 한다. 에너지 부분이 결정한다. 정신에서 정은 물질이고 피에서 만들어지며, 신은 에너지로 기의 엑기스다. 영혼에서 영은 육체로 물질이고, 혼은 혼백으로 물질을 담는 틀로서 에너지이다. 할머니 혼이 보이는 것은 틀이 보이는 것이다. 죽으면 영은 하늘로 가고 백은 땅으로 가게 된다. 한이 맺히면 혼이 풀어지지 않아 관성적으로 살던 곳에 남아 귀신이 된다. 제사는 혼을 잘 흩어지게 하는 것과 산 자들의 위안이라는 효과를 얻게 된다. 최근에는 내용은 없고 형식만 남아 있다.

기력이 떨어지면 근력으로 받치는데 근본적인 해결이 어렵다. 기력시스템인 에너지 활성화가 필요하다. 이로 인해 기운 쌓기가 중요하며 즐길 수 있는 수준으로 체화해야 한다. 이것을 넘지 못하면 모래성과 같고 이것을 넘어야만 성취감을 얻을 수 있다.

수련

원하는 바를 얻는 시스템 활성화를 위한 방법

시스템을 활성화시키기 위해서는 열심히 수련해야 한다. 이는 각 체계에 따르는 개인의 조건이 다르기 때문이다. 타고난 잠재 조건과 후천적 조건이 모두 다르기 때문이다. 에너지체계를 활성화시키지 않으면 전체적으로 약해진다. 주어진 상황에서 최선의 선택의 결과가 현재 자신의 모습이다. 최선의 선택의 결과인 현재가 만족스럽지 못하면 상황을 바꾸어야 한다. 심신시스템의 상황을 바꾸어야 바람직한 선택을 할 수 있다. 시스템의 활성화를 위한 방법이 수련이다.

인간의 몸은 60~100조의 세포로 구성되어 있다. 개체와 전체가 동시에 있어야 한다. 개체는 분리이고 전체는 통합이다. 한쪽으로 치우치면 한쪽을 놓치게 된다. 암세포는 전체와 상관없이 따로 가는 것이다. 암적인 존재는 전체 사회에서 따로 노는 것이다. 우주 전체에서 개인은 객체인 세포이다. 암에 안 걸리려면 틀을 만들지 말아야 한다. '나는 어떻다' 하는 틀은 전체와 차단하는 것이다.

물질체계는 내성이 있다. 타고난 잠재조건에서 특질은 보이는 부분으로 가슴이고 체질이다. 특성은 보이지 않는 부분으로 에너지이고 체성이다. 의료체계는 완성이 아니고 진행형이다. 한곳의 병원에서는 그 곳 방법밖에 모른다. 자칫 실험대상이 될 수 있다. 정확한 진단을 위해서는 3~4곳에서 진단을 받아봐야 한다.

도를 닦으려고 산에 들어가면 그림자가 남아 번뇌가 더 심해진다. 일종의 도피성인데 피하면 피하는 만큼 더 신경 써서 더 집중해야 한다. 부처가 되려는 욕심으로 가보니까 밖에 있는 것이 아니라 안에 있는 것을 발견하게 된다. 염화시중의 미소이다. 궁극은 안팎이 없다. 깨달음을 얻기 위해 형식은 스님이 되는 것이고, 내용은 깨닫는 것이다. 형식은 전해줄 수 있으나 내용은 전해줄 수 없다. 전통무형문화재가 좋은 예이다. 형식을 통하지 않고도 깨달음을 얻을 수 있다. 내용은 없고 형식만 남아 있는데 형식도 변해 믿지 못하는 세상이 되고 있다. 각종 제도나 단체, 집단형성도 마찬가지다.

제사에서도 홍동백서(紅東白西) 등 형식만 남아 '왜?'라는 본질이 없다. 존재의 불안을 어떻게 해소하느냐? 제사는 죽음이 편하지 못하기 때문에 소외감을 없애기 위해 살아 있는 자를 위로하기 위한 것이다. 산 자의 위로방법을 알면 꼭 제사를 지낼 필요가 없다. 조선시대에는 유교사상이 중심을 이뤄 고려장을 폄하했다.

우리 민족의 조상인 백두산족 조상은 풍장을 치렀다. 차원 높은 방식이라 할 수 있다.

원하는 바를 이루는 것이 수련이다. 진정 원하는 것은 다른 것을 통해 목표를 확실시하고 몸을 움직여 마음을 움직이는 것이다. 보이지 않는 것은 내용이다. 보이는 것은 형식이다. 보이지 않는 것이 존재하기 때문에 보이는 것이 존재한다. 보이지 않는 것이 보이는 것을 만들어낸다. 보이지 않는 것에 의해 가치가 결정된다.

사람은 사람의 가치를 모른다. 동물은 동물의 가치를 모른다. 같은 물질의 가치평가를 못하기 때문이다. 돼지의 가치는 돼지가 모른다. 인간이 안다. 아이들의 평가도 자기 자신 관점에서만 이뤄져 가치평가가 되지 않는다. 상황에 따라 평가가 달라진다. 인간의 가치는? 왜 태어났느냐? 보이지 않는 것에 의해 결정된다. 목적이 있어서 만들어진 것이다. 엄청나게 소중한 존재이다. 존재이유는 보이지 않는 내용을 채워주기 위한 것이다.

가치가 없으면 의미가 없다. 존재하는 의미를 맞춰주지 않으면 의미가 없다. 인간은 의미 있는데 의미 있게 행동하지 않으면 쓸모가 없다. 공통의 의미는 태어난 목적을 아는 것이다. 즉, 내용을 실현하기 위한 존재이다. 보이지 않는 것의 뜻을 헤아리지 않으면 모르게 된다. 우주가 하나인 것을 깨닫고 하나 되는 것이 인간의 가치이다. 우주가 하나 되는 것을 깨닫는 것은 진리를 깨닫는 것이다. 전체와 하나가 되는 것이다.

헤아리는 것의 공통의 목적은 사랑의 실현이다. 내용을 채우는 것이 중요하지 형식은 중요하지 않다. 먼저 인간이 되어야 하는 이유이다. 형식이 목적인 것처럼 사는 것은 잘못된 것이다. 내용을 담으려면 형식이 단단해야 한다. 수련이 필요한 이유이다.

나는 누구인가?

5가지 '나'

'내가 누구냐'는 자기에 대한 이해를 통해 변화의 출발점을 확실히 하는 데 도움을 준다. '나'는 관계 속에서 설정된다. '나' 이외의 것은 '거울'이다. 자아는 나와 나 아닌 것 사이의 경계로 설정된다. 의식수준에서 형성된다. 자아형성은 환경이 중요한 거울이 된다. 폭이 넓을수록 자아도 넓어진다. 많은 거울을 통해 성숙이 이뤄진다. 성장기 필요한 교육적 요소는 자기와 자기 아닌 것을 비춰볼 수 있는 많은 거울이 필요하다. 오감과 직접, 간접 경험을 통한 다양한 경험이 교육의 중요한 요소이다. 자아의 제한요소를 없애야 한다. 다양한 경로를 통해 다양한 삶의 토대가 만들어진다.

나를 보는 시각은 5가지로 나눠진다. 우선 내가 보는 나와 남이 보는 나로 구분된다. 내가 보는 나는 스스로 자기라고 생각하는 자아와 나와 나 아닌 것을 구분 짓는 경계를 만드는 것이다.

내가 보는 나는 3가지로 나누어지는데 현실의 나와 이상으로서의 나, 지켜보는 나이다. 현실의 나는 현재 있는 그대로의 나의 모습이고, 이상으로서의 나는 상상모드에서의 나의 모습이며, 지켜보는 나는 성찰모드의 나를 말한다.

이상의 나와 현실의 나가 적정하면 이상적으로 변화 및 발전의 원동력이 되며, 과대한 경우 문제 및 갈등이 발생하며, 과소한 경우도 무기력하며 현실에 안주하는 틀에 갇히게 되는데 이는 심신 에너지의 부족에서 기인한다. 기획안을 만들 때 상상모드만 강한 집단에서 의견을 모은 다음 현실모드에 강한 집단에게 넘겨주어 성찰모드가 강한 집단에게 돌리면 창의적인 훌륭한 결론이 도출될 수 있다.

남이 보는 나는 두 가지로 나누는데 실제로 남이 보는 나와 내가 생각하는 남이 보는 나이다. 내가 생각하는 남이 보는 나와 실제의 남이 보는 나와는 차이가 있는데 여기에서 오해 및 문제가 발생한다.

내가 생각하는 남이 보는 나는 실제 남이 보는 나를 뛰어 넘어 혼자 상상 속에서 '그럴 것이다'라는 것으로 백해무익한 것이라고 할 수 있다. 자기 헤아림도 어려운데 남에게 관심 가질 여유가 없다.

프로이드는 나를 이루는 부분을 Id(본능)와 Ego(자아), Super Ego(초자아) 등으로 나누었다. 이드는 쾌락을 원칙으로 하는 것으로 모든 심적 에너지의 근원이 되며, 에고는 행정부 기능을 하는 현실원리이며 이성과 지성을 함께한다. 슈퍼에고는 가치와 이상을 중시하는 사법부 기능을 하는 도덕규범이다. 바람직한 상태는 세 가지 부분이 균형과 조화를 이루는 것인데, 에고가 상대적으로 클 경우 현실적 불안을 낳고, 슈퍼에고가 크면 도덕적 불안을 낳으며, 이드가 클 경우에는 신경증적 불안을 낳게 된다.

자율신경시스템은 스스로 알아서 움직이는 것이다. 인간은 보통 나와 나 아닌 것의 경계를 만든다. 애들의 잘못을 야단칠 때 '너는 잘못됐어'라고 하면 자아를 부정하는 전체적인 의미로 받아들여 존재를 무시당하게 된다. 이럴 때는 '너의 어떤 행동이 잘못됐어'라고 구체화시켜 존재(영역)에 대한 헤아림이 있으면 불편함을 줄일 수 있다.

나의 변화는 새로운 패러다임 수용과 새로운 행동습관을 체질화하는 데 있다. 방법은 꾸준한 심신수련을 통해 에너지체계를 활성화해 나가는 것이다. 얻고자 하는 것에 부응하면 유효한 것으로 인지하여 반복된다. 일단 패러다임이나 행동습관이 형성되면 습관적 선택에 의한 자동반응으로 반응한다. 틀에 갇히게 되면 일반적으로 '더욱 열심히', '더 많이'를 추구하나 잘못된 것이다. 근본적 변화가 전제되어야 한다.

심신시스템 활성화에 따른 삶의 형태의 변화는 위축된 삶이나 일원적 삶, 양극적 삶에서 통합적인 통일적 삶으로 바꿔져야 한다. 여기에는 에너지체계 활성화가 이뤄져야 가능하다. 궁극적인 목적은 나와 나 아닌 것이 하나가 되는 것이다. 온전하게 나와 나

아닌 것이 하나 되는 경계를 무너뜨리는 것은 죽음이다. 하나 되
지 못하면 귀신이 된다. 나의 내용은 무엇인가? 무엇을 드러내고
자 하는 것인가? 보이지 않는 내용인 영이다. 영은 보이는 형식의
몸을 움직인다.

의식, 무의식, 잠재의식
의식영역 확장이 가장 중요

　우리들의 의식에는 무의식과 잠재의식, 그리고 자각의식이 있다. 자각의식은 자아의 사고에 의한 주관적이고, 제한적인 의식이다. 무의식은 무한하고 객관적인 인식(C. G. 융: 집단무의식)이다. 잠재의식은 자각의식과 무의식의 경계로 자각의식에서부터 가라앉은 망각 내용 및 예감, 직관, 환영, 중요한 꿈과 같이 무의식에서 떠오르는 내용을 지니고 있다. 즉, 양방향으로 투과되는 일종의 막이다.

　무의식은 맨 기저에 위치하며, 잠재의식은 무의식과 자각의식 중간에 위치하고, 자각의식은 오감에 의해 느끼는 의식이다. 무의식을 관장하는 우뇌는 형체인식과 전체적인 인식, 공간감각, 원시적인 언어형태가 뛰어나 주로 여성에 해당한다. 반면 의식세계를 관장하는 좌뇌는 논리와 구문, 문법 등 언어능력이 뛰어나 주로 남성에 해당된다.

　사람이 자신을 자신의 자각의식과만 동일시한다면 그는 잠재의식의 투과성이 현저히 낮추게 될 것이며, 잠재의식의 투과성이 현저히 높아지면 영매력을 갖게 된다. 그러나 깨달음의 상태는 자의식과 무의식이 하나로 될 때 비로써 도달될 것이다. 물론 이 단계는 경계구분을 본질로 하는 자아를 폐기하는 것과 동일한 의미가 된다. 기독교에서는 나(자각의식)와 하나님(무의식)이 하나가 되는 것으로 설명한다.

비유나 공상, 연상, 아이러니, 말의 숨은 뜻을 알아내는 감각은 인간의 정신세계를 파헤치는 방법으로 우뇌는 정성적인 것을, 좌뇌는 정량적인 것을 관장한다. 괴테는 형상으로 된 가시적인 세계가 비유로 변할 때 비로소 가치와 의미가 있다고 하였다.

무의식 세계가 97%를 차지하는 데 비해 의식세계는 불과 3%에 지나지 않는다는 연구결과가 있다. 그만큼 신경체계상 감이 중요하고 리더는 감이 발달되어 있어야 한다. 모든 행동은 90% 이상 무의식 상태에서 이뤄진다. 의식은 자각의식이고 무의식은 무자각의식이다. 하등동물일수록 무의식적인 숙명적이고, 인간의 자각의식이 최대로 높아 운명적이다. 무의식 자동반응은 에너지를 최소화시키는 것으로 패러다임, 즉 습관으로 형성되며 이를 잘 이끌어 나가기 위해서는 의식영역 확장이 필요하다.

의식영역을 확장하려면 자율신경이 발달해야 하고, 이를 위해서는 에너지 수준을 높여야 한다. 의식에서 바람직한 행동이 일어나도록 무의식 자동반응이 이뤄지면 습관이 형성된다. 유용한

습관을 만들어내는 것은 무의식 자동반응이고, 새로운 것을 장착
시키는 것은 패러다임 시프트이다.

　의식은 우리의 사고와 행동영역을 관장하는 아주 적은 부분이
고, 무의식은 변화와 학습, 행동과 습관이나 패러다임 등 자동반
응을 관장하는 대부분의 영역을 차지하며, 집단무의식은 지각은
못 해도 유전인자 속에 담겨 있는 인류의 발전정보라 할 수 있다.

형식과 내용
껍데기보다는 본질이 우선돼야

일상생활을 하다 보면 형이상학적인 내용보다 형이하학적인 형식에 너무 치우치는 것을 많이 볼 수 있다. 형이하학적인 것은 이 세상에서 일어나는 모든 일들, 고유한 섭리를 해석하는 일들로 물질이나 현상 등 보이는 것을 위주로 한다. 형이상학적인 것은 신념이나 관념, 철학, 가치 등 내용을 중시하는 것으로 보이지 않는 것이다.

벌어지는 현상만 갖고 판단하면 힘들어지고 잘못되는 경우가 많다. 보이는 현상만 중시하고 보이지 않는 내용을 헤아리지 않으면 그림자로 남아 문제를 야기시키는 원인이 된다.

신념은 경험을 통해 반복학습으로 형성되며 자동반응의 단초이다. 믿음이 쌓여 신념이 되는 것이다. 신념에는 나(자아)와 나 이외의 세계, 그리고 나와 나 이외의 세계와의 관계라는 3가지 신념이 있다.

자아는 작은 부분인데 전부라고 생각하기 때문에 문제가 된다.

나의 존재는 자아보다 크기 때문이다. 나와 나 이외의 것을 경계 짓지 말아야 한다. 생명시스템은 편안한 쪽으로 가는 것이다. 사랑은 자아의 경계를 무너뜨리는 것이다. 무아의 경지에 오르는 것이다. 무아의 경지는 클라이맥스다. 가장 쉽게 무아의 경지에 오를 수 있는 방법은 섹스다. 다만 지속성이 없다는 것이 문제이다.

한때 방송을 통해 이름을 날렸던 J목사가 있다. 교회가 하나님의 사업을 하는 것이 아니라 덩치만 키운다고 비판하며 호평을 받았다. 본질은 놔두고 현상만 중시하는 경향은 현대에 들어 더 심해지는 경향이 있다. 내용이 없는 실체는 껍데기에 불과하다. 있는 그대로 존재의 가치를 볼 수 있는 지혜가 필요하다.

의미와 가치

인 간 존 재 의 목 적

의미는 믿는 것이다. 온도계를 유리관과 수은주로 따로 떼어서 관찰하면 아무 의미가 없다. 날씨의 변화와 기후, 수은주와의 관계, 즉 기온이 변하는 표시로 해석할 때 의미가 있다.

춥고 더위를 느끼는 것이나 밀가루 약을 보약이라고 믿으면 효과가 나타나는 것처럼 믿음이 곧 가치다. 가치는 추우니까 코트를 입어야 한다는 것처럼 해석하는 사람에 따라 가치가 결정된다.

물체의 대상에 의해 가치가 달라지고 비교할 수도 없다. 1만 원짜리라고 하면 그만큼 가치가 있는 것이고, 반대도 성립된다. 300만 원짜리 하버드 출신 유명강사의 영어강의라고 믿었을 때는 그만큼 영어실력이 향상되었다가 고졸학력으로 판명되었을 경우 영어실력이 떨어지는 현상도 믿음에 의해 헤아린 만큼 가치가 결정되는 것이다. 가치에 따라 몸의 반응이 달라지고, 가치를 느끼는 순간 코드가 바뀌어 믿음이 생긴다.

나의 가치는 곧 나의 삶의 목적이며 내가 아닌 다른 쪽에서 봤을 때 찾을 수 있다. 목적과 부합되는 삶을 찾는 것이 인생이다. 이 세상에서 일어나는 현상은 그 현상의 내부에 존재하는 고유한 섭리를 해석하는 것에 의해 의미와 대책을 찾을 수 있다. 그림의 가치는 캔버스나 물감의 질에 근거하는 것이 아니라 예술가의 마음속 표상에서 발견될 수 있다.

가시적인 모든 것, 구체적이고, 실질적인 모든 것은 단순히 어떤 관념의 표현일 뿐이다. 이 두 영역을 형식과 내용이라고 부를 수 있으며, 형식을 통해 내용이 표현되며, 그렇게 해서 형식들은 의미나 가치를 부여받게 된다. 성서에서 세상은 말씀으로 창조되었으며, 즉 보이는 모든 것은 보이지 않는 것에 의해 창조되었다는 것은 현대철학의 관념론이다.

평가는 심판이다. 요즘은 오래 사니까 살아서 평가를 받는다. 의미와 가치는 평가와 같은 의미이다. 어떻게 평가받을지는 모르고 있다. 내가 나를 평가하는 것은 의미와 가치가 없다. 같은 것끼리의 평가는 형식에서만 가능하다. 본질의 가치는 밖에서 평가된다. 200만 바이트 중 130바이트로 자신을 평가한다. 남이 나를 평가하는 것은 모두 옳다. 교수의 가치는 학생이 평가한다. 형식의 평가는 같은 것끼리 가능하다. 형식으로 가는 것이 더 쉽다. 어떻게 죽을 것인가 생각하면 잘살 수 있다. 매일매일 깨달을 수 있어야 한다.

자기의 가치는 자기 자신이 모른다. 상대에 의해 판단된다. 리더의 가치는 추종자에 의해 판단된다. 같은 물질의 가치는 서로 알 수 없다. 돼지가 돼지의 가치를 알 수 없고, 커피가 커피의 가치를 알 수 없다. 사람끼리도 서로 가치를 알 수 없다. 다른 것에 의해 부여되어야만 가치를 인정할 수 있다. 밖에 있는 것이 나의 가치를 평가할 때 의미가 있는 것이다.

같은 물질이 같은 물질의 가치를 알 수 없다. 다른 물질에 의해 평가된다. 가치에 맞게 움직여야만 평가받을 수 있다. 인간의 가치도 인간을 떠난 다른 차원에서 찾아야 한다. 깊이 가면 종교적이고, 얕게 가면 관념적이다. 인간끼리 가치평가가 안 되는 것처럼 리더십에 대한 본질도 바꾸지 않으면 안 된다.

새로운 논리를 습득할 때 자기논리를 접어두고 무조건 따라가야 한다. 인간의 가치는? 내가 왜 존재하나? 인간이 존재하는 목적은 나와 나 아닌 모든 것이 합일되는 것이다. 즉, 완성하는 테크닉으로 통일성이다. 우리의 가치는 우리가 알 수 없고 다른 것에 의해 평가된다. 나에 의해 생기는 것이 아니라 대상에 의해 생기는 상대적이다.

양극성

선 택 과 배 제 에 따 른 이 해 있 어 야

　우리가 일방적으로 한쪽 극으로 다가가려고 한다면, 그 반대 극도 드러나지는 않지만 그와 비례해서 증가한다. 인간의 의식과 인식은 나라고 말함으로써 이미 나가 아닌 것, 즉 너라고 여기는 모든 것과 거리를 둔다.

　주체와 객체로 구분하며, 인식하는 자와 인식의 대상이 되는 자로 구분하지 않고는 불가능하다. 이러한 관점 때문에 인간은 양극성과 상대성의 포로가 되며, 인간을 대립의 세계에 묶어 둔다. 이러한 의식은 모든 것을 대립 쌍으로 쪼개고 나누게 되며, 갈등의 원인이 된다. 조직의 갈등은 어떤 면에서 당연한 것이 된다. 이러한 현대철학의 주류는 관념론과 상대론, 양자론이다.

　이성이 하는 일은 모든 것을 분석하여 더 작은 조각 또는 대립 쌍으로 나누고, 그것들을 식별 또는 구분하는 일이다. 대립하는 것들은 서로 모순되기 때문에 한쪽을 선택하고 그 반대쪽을 배제한다. 따라서 온전치 못하게 되고, 대개 이들이 고착화되어 모든 갈등의 원인이 된다. 그러나 온전한 것은 부족한 것이 없어야 하고, 결국 양극성을 가지고는 온전해질 수 없다. 이러한 인간의 양극성은 통일성이나 완전성을 알아차리고 인식하는 것을 방해하며, 상상하는 것조차 불가능하게 만든다.

하나를 선택하면 하나는 배제돼 완벽할 수 없고, 갈등은 당연시된다. 이 세상에서는 온전한 것이 존재하지 않는다. 다만 선택에 따른 배제를 버리지 말고 의식 속에 같이 배려하는 마음이 있어야 한다. 누구와 같이 살아도, 누가 대통령이 되어도 갈등은 존재한다. 세상이 양극성이 아니고 의식이 양극성이다.

통일성으로 노력하면 온전함에 가까이 간다. 한쪽을 제거하려면 다른 쪽도 제거하려는 힘을 키워야 한다. 리더는 하나를 선택했을 때 '왜 그러느냐'고 이해 구하면 통일성으로 한 발자국 다가간다. 배제에 따른 위로와 이해가 필요하다.

세상이 양극적이라기보다는 우리의 인식이나 인식하는 통로가 양극적이기 때문이다. 인간의 호흡은 들숨과 날숨으로 끝없는 리듬을 만들고, 이 양극의 교차에 의한 리듬은 모든 생명의 기본모델이다. 좌뇌와 우뇌, 양전기와 음전기, N극과 S극, 빛과 그림자, 흰색과 검은색 등 양극이 붙어 있다. 한 극이 없어지면 다른 극도 없어진다. 양극의 한 극의 존재는 반대의 극을 기반으로 하고 있으며, 한 극이 사라지면 반대 극도 사라진다.

두 가지 대립적인 것이 서로 밀접하게 의존하고 있다는 것은 양극성의 이면에 통일성이 있다는 사실을 보여준다. 즉, 양극이 합쳐져서 통일성을 이룬다.

인간은 동시에 존재하는 양극을 순차적으로 인식할 수 있으며, 두 극을 동시에 인식하기란 대단히 힘들다. 이러한 인간의식과 의식의 한계 때문에 양극성의 이면에 통일성이 있다는 것을 인식하고 알아볼 수 있을 따름이다.

또한 이것 때문에 시간, 공간, 리듬, 파동이 생겨났다. 움직임이 없으면 시간이 없다. 인간의 세계는 움직임이 있기 때문에 시간이 존재한다. 양극성은 물질의 세계이고 통일성은 에너지체계이다. 선택한 것과 선택하지 않은 것을 서로 어우를 때 통일성이 되고 양극성을 이해하고 받아들임으로써 편안해진다.

현대 물리학에서 빛은 동시에 파동이면서 미립자인 이중성을 갖는다. 빛은 파동도 입자도 아니다. 빛은 통일성에서만 빛이 되며 그것 자체는 양극적인 인간의 의식으로는 인식될 수 없는 것이다. 이 빛은 관찰하는 사람이 어느 쪽에서 접근하느냐에 따라 때로는 입자로 들어날 뿐이다. 빛은 온전함의 상징이다.

통일성을 양극성을 가진 인간이 직접 인식할 수 없으며, 통일성을 여러 가지 특성으로 나누고, 그것들을 하나씩 순서대로 관찰해야만 하는 불가피함 때문에 시간이 생겨났다. 양극성 뒤에 통일성이라는 실체가 있듯이 시간 뒤에는 영원이라는 실체가 있다. 이때 영원이라는 것은 끊임없이 연속되는 시간이 아니라, 시간이 없는 초시간성을 의미한다.

양극성(맞물림)은 동시에 존재한다. '아름답다'의 이면에는 '추하다'도 똑같이 존재한다. 상대방은 거울이다. 동물이 데려가 키운 아이는 선악의 개념이 없다. 인간관계를 안 해 봤기 때문이다.

무인도 속에 혼자 살면 착한지, 악한지, 똑똑한지 모른다. 관계 속에서만 이뤄진다. 나를 힘들게 하는 사람을 보면서 자기의 정체성이 형성된다. 몸에는 내성이 생겨 반복하면 싫증을 느낀다. 에너지를 높이면 싫증이 줄어 반복해도 싫증을 느끼지 않는다. 그림자가 있기 때문에 빛이 있다는 것을 안다. 에너지적인 것과 물질적인 것은 같이 존재한다. 동물적인 것과 인간적인 것은 동시에 존재한다. 보이지 않는 쪽을 알고 보이는 것을 인식해야 한다.

인간관계 속에서 괜찮은가 아닌가를 판단해야 한다. 몸에도 맞물림 현상이 일어난다. 정직과 거짓, '나는 너를 절대 떠나지 않아'는 떠날까에 대한 두려움이 작용한 것이다. 약하다는 것은 강함이 맞물려 있고, 남자는 겉은 강하지만 속은 약하고, 여자는 그 반대이다.

통일성

양극성에 대립되는 것으로 영원한 것

자아가 받아들이는 양극성의 이면에는 모든 것을 포괄하는 유일
자, 즉 대립관계들이 분화되지 않은 상태로 있는 통일성이 있다.
즉, 모든 것을 포괄하는 만유이다. 통일성에는 시간과 공간의 지
배를 받지 않으며, 불변의 통합된 영원한 휴지상태이며, 상대성이
나 양극성이 없다. 통일성 외에는 어떤 것도 존재하지 않는다.

통일성을 나타내는 모든 내용이 부정적으로 표현될 수밖에 없
다는 것, 즉 시간, 공간, 질량, 변화, 경계도 없다는 것은 양극성
을 가지고 설명될 수 없기 때문이며, 모든 긍정의 표현은 분열된
양극성 또는 상대성의 세계에서 생겨난 것이며, 통일성에 적용될
수 없다. 이 통일성은 양극성에 대립되는 것이며, 모든 존재의 근
원이며, 유일무이하게 스스로 존재하며, 시작도 끝도 없는 영원
한 것이다.

이 통일성은 적절한 훈련을 통해 경험할 수 있으나, 말로 설명
하거나 생각으로 분석하는 것은 불가능하다. 말과 생각은 인식과

의식을 통해 이뤄지고, 인식이나 의식은 양극성, 상대성의 전제
조건 없이는, 즉 주체와 객체로 인식하는 자와 인식되는 대상으
로 나누지 않고는 불가능하기 때문이다.

통일성에는 인식이 없으며, 통일성 속에는 모든 욕구, 모든 의
지와 노력, 모든 활동이 사라진다. 왜냐하면 통일성 속에는 기대
할 수 있는 바깥 세계가 더 이상 존재하지 않기 때문이다. 오직
무에서만 충만함을 찾을 수 있다는 사실은 오래된 역설이다.

동물적인 것은 생존의지이고, 인격적인 것은 자유의지이다.
생존에 대한 안전성이 담보되어야 에너지시스템인 자유의지가
작동한다.

기본시스템은 균형과 조화이다. 기운 쌓기는 물질시스템을 작
게 하고 에너지시스템을 높이는 것이다. 내 삶을 제대로 살 수 있
는가의 도전에 대한 능력을 배가하는 것이다. 물질시스템과 에너
지시스템을 동시에 100% 끌어올리는 것이 가장 이상적이다. 긍정
적인 것이 에너지가 강한 힘을 나타낸다. 에너지가 높아지면 똑같
은 상황에서도 빨리 긍정적으로 변한다. 힘들어지면 짜증난다. 부
정적이기 때문이다. 에너지 가장 높은 상태는 신의 경지이다.

양극성을 넘어 통일성으로

균 형 유 지 가 관 건

양극성은 같은 가치 비교 선상에 혹은 구성요소들 간에 어느 한쪽에 치우친 것을 말한다. 양극성에 의한 선택(가치판단의 결과)은 당연한 결과로 배제된 부분을 낳게 된다. 안 보이지만 그림자로 남아 존재한다.

남북통일도 극에 가야 이뤄지는 만큼 전략이 요구된다. 극성을 갖게 되면 분리가 되고, 극성이 높아지면 분리가 극에 간다. 분리는 통합을 전제하는 만큼 분리가 극에 달하면 통합으로 가는 것이다. 끝에 가면 끝에 반대가 시작되는 것이다.

통일성은 양극성의 끝단과 끝단까지의 거리를 짧게 하는 것에 비유될 수 있다. 통일성은 양극성의 양극을 고루 포용하는 것을 말한다. 정신적 차원의 궁극적인 목표는 통일성이다. 통일성은 선택의 가치체계 내에서 뿐만 아니라 사고와 행동 사이, 믿음과 정서 사이, 자신과 다른 사람들 사이, 인간과 타 존재 사이, 자연과 자연의 근원 사이의 관계나 본질적인 통합이다. 개인의 발전과 타인과의 원만한 관계 사이의 통합이다.

나는 누구인가? 나 아닌 것이 나이다. 나와 나 아닌 것의 통일성 (하나)이 궁극적인 도달점, 즉 죽음이다. 나의 존재기반은 나 아닌 것에 있다. 인도철학과 힌두사상은 모든 존재의 하나가 됨을 강조한다. 유대교에서는 우애를 통한 화합을 중요시한다. 기독교에서는 예수그리스도를 말하면서 그 안에서 만물이 통합된다. 현대 물리학에서도 세상만물의 근본적인 구성적 일체성을 거론한다.

정신적 차원의 통일성을 경험하지 못하는 이유는 철저한 개인 자율성을 이룰 수 있다는 환상에 기인한다. 개인욕구와 바람에 대해서만 생각하게 부추기고, 개인이나 가족의 행복은 원칙적으로 세상 다른 사람들의 행복이나 미래와는 무관하다고 여기는 데 따른 것이다.

전체(통일성)에 초점을 맞추기보다는 포괄적인 실재 가운데 직접 관련 있는 한 부분에만 초점을 맞추는 것이다. 분열하고 분리하고 구분 짓기, 자율성에 대한 잘못된 인식 등이 현대인의 사고와 감정에 스며든 질병이다. 인간은 과거와 현재와 미래에 서로 연결되어 있다. 궁극적인 것은 나 아닌 것과 하나 됨이다.

인간이 갖는 인식능력―선악과를 따먹은 결과 갖게 된 지혜―은 양극성이 없이는 불가능하며, 인식능력의 궁극적 목적은 양극성으로 말미암아 온전하지 못하게 된 자신을 극복하고 온전하게 되는 것이다. 온전함, 즉 성인과 같이 거룩하게 되는 길은 양극성을 벗어나 통일성에 이르는 것이다. 이 세상은 이 세상을 자기 것으로 받아들임으로써만 극복될 수 있다. 죽음과 고통은 사람들이 그것을 받아들임으로써 없어질 수 있다. 탄생에서 죽음까지 포함한 모든 인생이 그렇다. 양극성을 극복하는 것은 대립되는 것들을 융합함으로써 성취할 수 있으며, 자아와 세상을 구분하지 않는 사람만이 완전함에 도달 할 수 있다. 즉, 자기를 버리고 모든 것(통일성)과 하나가 되는 것이다.

우리가 살고 있는 세상은 자기 외부에 있는 기준점(절대자, 조물주, 하느님)을 가질 때에만 참된 의미를 갖는 다는 것을 깨닫는 것은 통일성에 이르는 첫 깨달음이다. 우리의 삶과 가치는 이 양극성, 상대성의 세계를 극복할 수 있는 기준점이나 목표가 있을 때에만 그 의미와 중요성을 갖는다.

양극성의 세계에는 절대적인 것, 완전한 선이나 악, 완전한 옳은 것과 틀린 것이 존재하지 않으며, 모든 것이 상대적 또는 다면적이라는 것을 깨달아야 한다.

즉, 선은 악에 의해, 평화는 전쟁에 의해, 건강은 질병에 의해 유지되는 것이다. 한 극을 제거하면서 다른 극을 유지하는 것은 불가능하다. 건강을 위해 질병을 퇴치했지만, 병에 걸리는 현상도 그와 똑같이 늘어난다.

일방적으로 한쪽 극으로 다가가면 그 반대 극도 그와 비례해서 증가한다. 균형을 유지해야 한다. 지혜, 완전함, 올바른 인식이란 존재하는 모든 것들의 양극성과 타당성 및 조화로움을 알아내고 살펴볼 수 있다는 것을 의미한다.

그림자
원하지 않는 배제된 모든 것

인간은 일단 '나'라고 말하고 나면 거기에 많은 정체성을 결부시킨다. 나는 한국 남자이고, 회사원이고, 적극적이고 유능하다고 하면 피동적이고 무능한 것을 무가치하게 생각하는 가치판단을 하게 되는 것이다. 즉, 하나를 선택하면 자연히 다른 하나를 배제하며, 이러한 정체성에서 하나의 주관적인 가치판단이 생긴다.

모든 결정에 의거한 정체성은 한쪽 극을 제외시킨다. 따라서 그 모든 원하지 않는 것, 피하고 싶은 것, 찾아내고 싶지 않은 것, 정체성에 포함시키고 싶지 않는 것들은 어둠의 자식이 되며, 그림자(C. G. 융: 가려진 의식)가 된다. 이것은 의식의 시각에서 사라졌지만 엄연히 각 개인에게 상존하는 것이며, 부정할 수 없다. 대개는 보이지 않는 그림자를 각자가 지니고 있지 않다고 쉽게 인식하거나, 그림자 없이도 존재할 수 있다고 믿는다.

인간의 모든 불행의 진정한 근원은 자신에게 있다는 사실을 인정하는 것을 두려워하며, 이 그림자가 클수록 인간의 모든 노력과 계획을 결국 정반대가 되도록 만든다. 인간이 원하지 않고, 좋아하지 않는 모든 것은 그림자에서 흘러나온 것이다. 왜냐하면 그림자는 인간이 원하지 않는 배제된 모든 것이 모여서 이루어진 것이기 때문이다.

실제의 삶에서 우리는 우리가 배제했던 그림자 영역에 집중적으로 매달릴 수밖에 없다. 왜냐하면 우리가 거부한 내면의 원리를 외부세계에서 마주칠 때 그것은 끊임없는 불안을 유발하기 때문이다. 거부하고, 방어하는 것은 결국 더욱 관심을 갖고 몰두하게 되는 것이다. 아이들이 혐오스런 부모의 행동을 언젠가는 받아들이고, 반전주의자들이 호전주의자가 되고, 도덕주의자들이 방탕하거나 이중생활을 하게 되고, 건강제일주의자들이 중병에 걸리는 것과 같은 이치이다.

내면의 절반을 받아들이려고 하지 않기 때문에 그 하나의 반쪽으로 하나의 외면을 만들게 되며, 이것을 투영이라 부른다. 우리가 그림자를 우리의 내면에서 발견하고, 인식하고, 해결한다면 그것은 더 이상 그림자가 아니다.

보통 우리는 부정적 영역의 것들을 제거하려는 노력을 계속한다. 그러나 그것은 양극성의 법칙에서 알 수 있듯이 불가능하다. 어떤 실체나 원리를 거부하면 인간은 그것을 직접 힘들게 겪어서 깨우치게 된다.

우리가 꿈을 꾸고 있는 동안은 생생한 현실처럼 보인다. 꿈을 꿈이라고 깨닫기 위해서는 꿈을 깨어야 한다. 인생에 있어서도 자신의 착각이나 환영을 꿰뚫어볼 수 있기 위해서는 먼저 잠에서 깨어나야 한다. 그림자는 우리에게 불안을 주고 병들게 한다. 왜냐하면 그것은 우리가 완전하게 되는 데 필요한 부분이기 때문이다.

증상은 우리의 신체로 내려간 그림자의 일부이다. 그림자를 인식하고, 그림자에 맞서서 그림자의 문제를 해결하는 것은 건강을 회복하게 만든다. 증상은 신체라는 우회적 수단을 통해 인간을 다시 온전하고, 균형 있게 만든다. 증상은 인간 자신이 배제했던 것들을 깨닫고 받아들이도록 강요하여 인간을 온전하게 만든다.

몸은 정신의 거울이다. 인간은 자신의 심각한 문제들을 공개적으로 말하지는 않으나 증상에 대해서는 정직하게 말하며, 결국 숨겨 놓았던 영혼의 심연을 가차 없이 드러낸다. 증상은 인간을 정직하게 만든다.

에니어그램의 지혜

9가지 성격: 사람의 다름을 파악하라

　관계상황에서 후천적으로 주어진 상황 속에서 습관화된 부분이 에니어그램이다. 개인의 관계성향은 에니어그램을 통한 9가지 관계유형에 대해 다르게 나타난다. 이를 이해함으로써 자기이해와 성숙, 상대를 수용하는 범위의 확장, 타인을 이해하고 돕기, 삶의 지향점 설정에 도움을 준다.

　에니어그램에 의한 9가지 성격을 이해함으로써 자아 발견을 통한 바른 이해의 바탕에서 본래의 자신을 세울 수 있도록 도움을 주고, 서로 다름을 인정함으로써 상대를 수용하는 범위가 확장되며, 완성된 삶의 지향점으로서 9개의 유형 모두를 자유롭게 넘나드는 삶을 살 수 있게 도와준다. 이를 위해서는 에너지가 뒷받침되어야 한다.

　인간은 생명력과 기력의 원천으로 세 가지 주요중심을 갖는다. 에너지 중심이 어디에 있느냐에 따라 달라진다. 에너지가 활성화되면 넘나들게 된다. 현재의 습관이 먹히니까 그 패턴대로 가는 것이다. 자동반응과 무의식 수준으로 이뤄지지만 관계 속에서 부 딪친다.

관계에 대한 헤아림이 있어야 한다. 더 효율적인 관계를 이끌 어내기 위해서는 9가지 패턴을 자유자재로 사용할 수 있어야 한 다. 규정짓기 위한 것이 아니라 시의적절하게 구사해야 한다. 기 운 쌓기는 에너지 수준을 높이는 데 대단히 중요하다. 머리, 가 슴, 배를 중심으로 9가지 성격유형의 뿌리가 된다. 한 인간으로 성장해가는 과정에서 세 가지 중의 하나에 치우치게 된다.

배 중심의 힘의 리더는 8, 9, 1 유형으로, 무게 중심이 하복부 와 소화계로, 본능과 습관에 따라 행동한다. 본인의 의지와 힘이 관건인 사람들이다. 자기가 이루고 싶은 일에 에너지를 집중한 다. 분노가 이들의 압도적인 감정이다. 특히 욕구좌절에 의한 분 노표출이 많다. 청각과 후각이 발달하여 본능적 파악의 직감이 발달되었다.

가슴 중심의 관계를 중시하는 리더는 2, 3, 4 유형으로, 항상 다른 사람에게 어떻게 비춰질까를 생각한다. 무게 중심이 심장과 순환계이고, 의사결정 시 인간과의 관계위주다. 다른 사람들 눈 에 비친 자기 이미지에 관심을 쏟으며, 지배적 정서는 불안이다. 남이 나를 싫어하거나 떠날까봐 불안해한다. 체격은 동글동글한 것이 특징이며, 매력적인 미소와 부드러운 용모를 갖고 있다.

머리 중심의 비전의 리더는 사고와 지능을 중심으로 5, 6, 7 유형에 해당한다. 무게 중심이 대뇌와 신경계이다. 상황을 분석하고 생각한 다음에 자신의 위치를 정하므로, 모든 상황에서 한 걸음 뒤로 물러나게 된다. 이들의 주요 관심사는 객관적 이치와 논리에 맞는 것을 알아내는 것이다. 지배적인 정서는 두려움과 공포이다. 겁이 많고 소심하다. 체격은 주로 편편한 가슴과 긴 몸, 빈약한 편이다.

8번(도전전문가)

강함을 추구하고 자기를 주장하는 유형이다. 자아이미지는 강하고 힘이 있다. 지배력에 집중하는 사람이다. 이 유형의 특성은 자신감이 넘치며, 강하며, 고집이 세다. 남을 보호하며, 임기응변의 능력이 있으며, 직설적이고 과단성이 있다. 자존심이 강하고 권력을 휘두르기도 한다. 자신들이 주변의 환경, 특히 사람들을 통제해야 한다고 생각한다. 가끔 남들과 대결을 하며 협박하기도 한다. 일반적으로 화를 조절하고 약점이 있는 것을 어려워한다. 기본성향은 힘을 행사하고, 지배하고자 하는 욕구에 사로잡혀 있다. 싸워서 원하는 것을 얻으려 한다. 부정에 대한 강렬한 적대감과 정의에 집착한다. 자신의 욕구를 무시하는 경향이 있다.

이 유형의 지향점은 리더십이 강하고, 단호하고 압도적이면서 도량이 넓어 남에게 안정감을 준다. 진실과 정의에 투신하며,

약자 편에 서는 것을 좋아한다. 정직하고 솔직하며, 현실파악 능력이 있다. 다스릴 점은 분노가 폭발할 것 같으면 마음을 가라앉히고, 흑백논리에 사로잡히지 말고, 회색의 가치를 인정하며, 천진난만하고 상냥한 마음을 회복하는 것이 중요하다.

9번(화합전문가)

조화와 평화를 바라는 유형이다. 자아이미지는 '나는 만족한다', '나는 평화로운 사람이다', '침착하고 태평하며 공평한 중재자'이다. 이 유형의 특성은 포용하고 믿을 줄 알며 안정적이다. 대체적으로 창의적이고 낙관적이며, 남들을 잘 지지한다. 평화를 유지하기 위해 남들과의 좋은 관계에 지나치게 집착하기도 한다. 또한 모든 일이 불화 없이 순조롭게 진행되기를 원한다. 그러나 결점을 숨기고 문제를 단순화시키며, 속상한 일을 무조건 축소시키려는 경향이 있다. 일반적으로 게으름과 외고집이 문제가 된다. 기본성향은 갈등을 회피함으로써 우유부단해진다. 타인의 생각에 자신을 맞추고, 한번 결정한 일을 고집하며, 타성을 좋아한다. 타인의 생각과 감정을 공감할 수 있지만, 자신의 내면은 자각하지 못한다.

이 유형의 목표는 어떤 상황에서도 불만이 없으며, 평온을 유지하며, 편견이 없어서 사람들에게 이해받고 있다는 느낌과 안정감을 준다. 다스려야 할 점은 결단하는 습관을 기르고, 우선순위에 따라 행동하며, 자신의 느끼는 위화감의 출처를 발견하고, 자신의 장점에 확신을 갖는 것이 중요하다.

1번(개혁전문가)

완벽을 추구하는 유형이다. 자아이미지는 '나는 옳고 착하며 올바르다'이다. 이 유형의 특성은 옳고 그름이 분명하며, 양심적이고 윤리적이다. 주로 교사나 개혁운동가이며, 변화를 추구한다.

늘 일을 향상시키려고 노력하지만 실수를 저지르는 것을 두려워한다. 정리정돈을 잘하며 까다롭고 높은 기준을 갖고 있다. 그러나 잘못하면 비판적이고 지나친 완벽주의가 될 수 있다. 일반적으로 분노와 조바심을 잘 억제하지 못한다. 기본성향은 완벽성, 하나의 정답, 자기비판, 타인에 대한 비판, 정의감이 강함, 근면, 완벽추구, 분노억제, 억누른 분노 때문에 많은 부작용 초래, 타인에게 너그럽지 못하다는 것 등이다.

이 유형의 목표는 무슨 일이나 완벽하게 처리하고 정확하게 끝을 맺는 사람들이다. 정직하고 원칙을 지키며 공정하다. 현실에 만족하지 않는 개혁가이다. 누구에게나 최선을 다하기를 바라고 이끌 수 있다. 다스려야 할 점은 완벽이란 조금씩 완성되어 간다는 것을 알아야 한다. 분노를 활력의 원천으로 바꾸고, 즐거움을 추구하는 삶에도 가치가 있다는 것을 알아야 한다.

타인에게 도움을 주려는 유형이다. 자아이미지는 '나는 도움이 된다', '무언가 남에게 줄 수 있다', '나는 필요한 사람'이라는 인식이 지배적이다. 이 유형의 특성은 감정이 풍부하고, 성실하고, 따뜻한 마음을 지녔다. 다정하고 친절하며, 자신을 희생시키기를 잘한다. 그러나 그와 동시에 감상적이고 아첨과 아부를 잘한다. 대체로 사려 깊고 타인들과 가까워지려고 노력한다. 그러나 잘못하면 남들이 자신을 필요로 하기 원해서 일부러 도와주기도 한다. 일반적으로 소유욕 때문에 곤란을 겪으며 자신의 필요를 자각하는 것이 어렵다. 기본성향은 타인을 만족시키기 위해 노력한다. 헌신에 대한 보상과 보답을 기대한다. 타인의 호감을 얻기 위해 습관적으로 변신한다. 타인을 조종하려고 하는 성향이 있다.

이 유형의 목표는 따뜻한 양털 코트 같은 사람들이다. 친절하고 세심하게 신경 써준다. 무척 사교적이고 사람을 좋아한다. 관대하고 부드럽다. 종교인이 많다. 다스려야 할 점은 상대방에 좌우되지 말고 자립적인 존재가 되며 사람을 깊게 사귀는 것이 필요하다.

3번(성취전문가)

성공을 추구하는 유형이다. 자아이미지는 '나는 성공한 사람이다', '나는 능력이 있다'는 것이다. 이 유형의 특성은 자신감 있고, 사람의 마음을 끌며, 매력적이다. 야망이 많고, 유능하고, 에너지가 넘치며, 자신의 위치를 늘 염두에 두며, 발전을 위해 항상 노력한다. 대체로 교섭에 능하고 침착하지만, 자신의 이미지와 남들이 생각하는 자기 자신에 대해 지나치게 고민하기도 한다.

일반적으로 문제점은 일중독과 경쟁심에서 비롯된다. 기본성향은 성공만이 애정을 획득할 수 있다고 믿는다. 자기 암시로 자신의 유능함을 연출한다. 침체에 빠지는 것을 두려워한다. 자부심이 강하고 꺾이기 쉬운 유형이다.

이 유형의 목표는 유능하고 자신감 넘치며 활동적인 사람들이다. 자기 PR이 강하다. 사교적이고 적응력이 뛰어나며 경쟁심이 강하다. 주목받고 성공적인 인물로 인식된다. 화술이 좋고 이 시대의 프로가 되는 것이다. 다스려야 할 점은 가던 길을 멈추고 자신의 감정을 되돌아보아야 한다. 행동과 본심의 불일치를 깨닫고 일 이외의 개인적인 즐거움을 찾는 것이 중요하다.

4번(창조전문가)

특별한 존재를 지향하는 유형이다. 자아이미지는 '나는 특별하다', '독창적이다', '다른 사람과 다르다'는 것이다. 이 유형의 특성은 자신을 잘 알며, 감수성이 예민하고 말이 없다. 대체로 감정적으로 정직하며, 창의적이고, 개인적이다.

그러나 자의식이 강하고 쉽게 우울해질 수 있다. 사람들을 피하는 이유는 자신이 약점이나 결함이 있다고 생각하기 때문이다. 또한 삶의 방식을 경멸할 수도 있다. 일반적으로 우울증, 방종, 자기 연민 때문에 문제를 겪는다. 마음이 따뜻하고, 이해심이 많고, 사람들을 도와주는 장점이 있으나, 질투심과 복수심이 생기고 죄책감에 사로잡히는 단점이 있다. 기본성향은 평범함을 꺼리고, 독특한 자기를 추구한다. 감동을 갈망하고 스스로 우울 상태에 빠진다. 현실에 만족하지 못하고 끝없이 새로운 것을 추구한다. 잃어버린 것을 찾으려다 갈등을 겪기도 한다.

이 유형의 목표는 심미안이 있어 품위 있고, 미적으로 매혹적이고 눈에 띄는 사람이다. 개성적이며, 독창적이고, 예외적이다. 민감하고 사려 깊으며, 정서적인 강도가 높은 사람이다. 다스려야 할 점은 현재 가지고 있는 것에 만족하고, 침울한 기분은 누구나 느끼는 일상적인 것이라는 것을 알아야 한다. 자신의 장점을 발견하고 자신감을 갖는 것이 중요하다.

5번(탐구전문가)

지적이고 냉철한 유형이다. 자아이미지는 '나는 현명하다', '많이 안다', '통찰력이 있다'는 것으로, 사상가와 분석가가 많다. 이 유형의 특성은 경각심과 통찰력이 있고 호기심이 많다. 복잡한 생각이나 기술을 발전시키는 데 집중하는 능력이 있다. 독립심이 강하고 혁신적이며 독창적이다. 자신의 생각과 상상 속의 구성에 몰두하기도 한다. 호연하기도 하지만 일에 집착하고 열심히 한다.

일반적으로 그들은 비정상적인 행위, 허무주의, 고립으로 고민한다. 끈기가 있고, 현명하며, 분석적 태도를 갖고 있는 반면, 지향적인 오만함과 흠잡기를 좋아하고 내성적이다. 기본성향은 지적이고 냉철한 관찰자이다. 고독을 좋아하고 감정으로부터 멀어지려 한다. 머리로 모든 것을 이해하려고 한다. 인간이나 물질이 아닌 지식에 집착한다.

이 유형의 목표는 지적이며 사려 깊고 수동적이다. 현실에 대해 예리한 관찰자이다. 말수가 적은 훌륭한 청취자이다. 다스려야 할 점은 돌발적인 사태와 감정의 동요를 두려워하지 말아야 한다. 포기하지 말고 도전하며 자신을 과감하게 드러내는 것이 중요하다.

6번(헌신전문가)

안전을 추구하고 성실한 유형이다. 자아이미지는 '나는 책임감이 강하고, 나에게 주어진 일은 최선을 다한다'이다. 이 유형의 특성은 의지할 수 있고, 열심히 일하며, 책임감이 강하고, 믿을 만하다. 훌륭한 문제해결사로 문제를 파악하고 협력을 촉진할 줄 안다.

반면 방어적이고 회피적이고, 근심이 많은 사람이 될 수도 있다. 불만을 갖는 동안 스트레스에 시달리기도 한다. 성격이 우유부단하고 신중할 수도 있으며, 반동적이며 반항적으로 되기도 한다. 일반적으로 자기 부정과 의심의 문제점을 갖고 있다. 기본성향은 권력에 대한 불신으로부터 생기는 양면성을 갖는다. 타인의 마음을 읽는 예리한 통찰력을 지니고 있다. 타인을 의식하고 행동을 뒤로 미루려 한다. 왕성한 상상력으로 사회를 부정적인 측면에서 보려고 한다.

이 유형의 목표는 규범과 규칙을 중요시 여기며, 상부상조할 줄 알고, 변화를 싫어하며 신중하다는 것이다. 자기가 속한 집단에 안정감을 느끼고 최선을 다한다. 다스려야 할 점은 불안이나 두려움을 세세하게 검증하고, 불안을 털어 놓고 의견을 묻는 것이 바람직하며, 긍정적인 사고로 타인과 공감하도록 노력하는 것이 중요하다.

7번(열정전문가)

즐거움을 추구하고 낙천적인 유형이다. 자아이미지는 '나는 행복하고 멋지다'는 것이다. 이 유형의 특성은 외형적이고 긍정적이며 다재다능하고 자발적이다. 노는 것을 즐기며 밝고 실천적이다. 일을 지나치게 잡아 늘이고, 산만하고 규율을 잘못 지켜서 자신의 능력을 적절히 적용하지 못할 때가 있다. 늘 새롭고 신나는 경험을 찾으며, 무엇인가를 유지시켜 나가는 데는 관심이 없고, 피곤해한다.

기본성향은 항상 즐거움을 추구하고 고통으로부터 도피한다. 한 가지 일에 집착하지 못하고 수많은 계획을 껴안고 있다. 타인의 감정을 무시하고 멋있는 자기를 추구한다. 강한 자기애와 낙천주의를 특징으로 한다.

이 유형의 목표는 쾌활함, 명랑하며, 낙천적이다. 인생을 하나의 선물처럼 체험하는 사람이다. 세상은 기회와 선택으로 가득 차 있다. 다양한 아이디어가 넘치는 다재다능한 사람으로 이벤트를 잘 만들고 다양한 계획에 몰두한다. 다스려야 할 점은 한 가지 일에만 열중하도록 하고, 시작한 일을 끝까지 완수하며, 인생의 부정적인 요소와도 마주 대하는 노력이 필요하다.

3가지 핵심신념
사고, 행동, 감정

개인의 삶은 삶의 모든 과정 즉 사고, 행동, 감정 등은 3가지 핵심 신념에 의해 강력한 영향을 받게 된다. 변화의 출발점에서 도착점까지의 전 과정에서 중요한 변화요소인 3가지 핵심 신념에 대한 이해가 필요하다.

3가지 핵심 신념은 나의 자아상과 나의 세계관, 그리고 나와 세계와의 관계이다. 나의 자아상은 나 스스로를 어떻게 보는가에 따른 것으로 긍정적과 부정적, 주도적과 종속적, 존재적 존재와 소유적 존재 등으로 나누어진다.

나의 세계관은 나는 세계를 어떻게 보는가에 대한 것으로 절대론적과 상대론적, 긍정적과 부정적이다. 나와 세계와의 관계는 전체와 개체, 숙명론적과 운명론적으로 나뉜다. 핵심 신념에 대해 생각해 볼 것은 전체와 개체와의 상관관계와 옳고 그름의 시비와 좋고 나쁨의 호오, 확인을 통한 강화의 증거 모으기, 신념과 태도, 행동의 일치성 등이다.

인간은 내면의 통일성을 필요로 한다. 내면의 통일성은 깊은 차원에서의 자기 관리 상태를 말한다. 이 상태에서 신체적 정신적 시스템의 활동이 증가되고, 심신에너지의 인지기능, 정서기능, 신체 생리적 기능이 질서 있는 조화를 얻게 된다. 이 상태에서는 심혈관, 면역, 호르몬, 그리고 신경 시스템의 능률이 높아지므로 효율적이다. 내면의 통일성에 도달하면 감정적 반발은 감소하고, 정신적 명료함과 독창성, 적응성, 유연성은 오히려 높여준다. 즉, 신경 논리적 차원의 정합은 내면의 통일성을 증가시킨다.

11가지 비합리적 신념
없애면 자기성공의 지름길

Ellis는 서구사회에서 일반적으로 나타나는 자기패배로 이끄는 신념을 11가지로 요약하고 있다. 바꾸어 말하면 이와 같은 비합리 적 신념을 없애면 자기성공으로 이끌 수 있다는 것이다.

첫째, 자신이 환경 내의 중요한 타인으로부터 사랑받고 인정받 는 것은 그 개인에게 절대적으로 중요한 일이라는 것이다. 이것 은 달성하기 불가능한 일이므로 비합리적이다. 주위 사람들에게 사랑받는 것은 바람직한 일이나 합리적인 사람은 자신의 관심과 소망을 이러한 목적 때문에 희생하지는 않는다.

둘째, 어떤 사람이 가치 있게 되려면 그 개인은 완전하게 유능 하고 적절하며 모든 분야에서 성취를 이루어야 한다는 것이다. 이것 역시 불가능한 일로 이것을 억지로 추구하게 되면 결과는 정신적, 신체적 질병, 열등감, 무능력, 끊임없는 실패의 공포가 생길 뿐이다. 합리적인 사람은 타인을 능가하기 위해서라기보다는 자신을 위해서, 결과보다는 과정을 즐기기 위해서, 완전해지기보다는 학습하기 위해서 노력을 하는 것이다.

셋째, 어떤 사람들은 악하고 비열한데 이런 사람들은 반드시 비난받고 처벌받아야 한다는 것이다. 절대적인 선과 악의 기준은 없다. 악이나 비도덕적 행위란 우둔, 무지, 또는 정서적 혼란의 결과들이다. 사람은 누구나 실수할 수 있으며, 비난이 항상 실수를 개선하는 데 도움이 되는 것도 아니다. 합리적인 사람은 타인의 잘못을 이해하려고 애쓰며 가능하면 그들이 잘못된 행동을 계속하는 것을 멈추도록 해야 한다. 그러나 이것이 가능하지 않으면 그는 그들의 행동이 자기를 혼란시키지 않도록 한다.

넷째, '어떤 일이 개인의 원하는 대로 되지 않는다면 그것은 대단히 슬픈 일이다'는 것이다. 좌절은 흔히 있는 일이지만 그 때문에 심각하고 오랫동안 혼란상태에 있다는 것은 비합리적인 일이다. 합리적인 인간은 불유쾌한 장면을 과장하지 않으며, 가능하면 이를 개선하려고 노력하고, 할 수 없다면 이를 받아들인다. 불쾌한 장면은 혼란을 줄 수도 있지만, 우리가 그렇게 규정하지 않는 한 파멸적이거나 무서운 것은 아니다.

　　다섯째, 불행은 개인이 통제할 수 없는 외부사건에 의해서 생기며, 인간은 자신의 비극이나 장애를 극복할 능력이 없다는 것이다. 정서적 혼란은 외부의 사건 자체가 아니라, 자신이 손상되었거나 받아들이는 자신의 지각과 평가와 내적인 언어화의 결과이다. 따라서 이러한 사실을 받아들인다면 그것을 통제하거나 변경될 수도 있다. 즉, 합리적인 사람은 불행이 주로 안으로부터 오는 것임을 알고, 외부사건 때문에 초조해하거나 괴롭더라도 이 사건에 대한 판단과 언어화에 의해서 자기의 반응을 변화시킬 수 있음을 알게 될 것이다.

　　여섯째, 위험하거나 두려운 일이 실제로 있거나 생길지도 모른다면 개인은 그것에 대해 계속 걱정하고 생각해야만 한다는 것이다. 걱정과 불안은 위험한 사태의 가능성에 대한 객관적 평가를 방해하며, 위험한 사태가 발생해도 효과적으로 대처하지 못하게 한다. 즉, 걱정과 불안은 위험한 사태의 발생 가능성을 과장하게 만들며, 필연적인 사태를 예방할 수도 없고, 많은 참혹한 일들을 실제 이상으로 악화된 상태로 보이게 만들기 때문에 비합리적이다. 합리적인 사람이라면 잠재적 위험은 그렇게 두려운 것이 아니며, 불안과 걱정에 사로잡히는 것은 두려운 사태 그 자체보다는 더 해로운 것임을 깨닫는다.

일곱째, 삶의 어려움과 자기 책임에 직면하기보다는 회피하는 것이 더 쉽다는 것이다. 할 일을 회피하는 것은 직면하기보다 더 쉬운 것처럼 보이나, 자아와 자신감의 상실을 포함하는 불만감과 기타 문제를 일으키기 때문에 이러한 생각은 비합리적인 것이다. 합리적인 사람은 책임을 회피하는 자신을 발견할 때 그 이유를 분석해서 자기를 통제하고자 노력한다.

여덟 번째, 인간은 다른 사람에게 의존할 필요가 있고, 자기 자신보다 더 강하고 기댈 수 있는 사람이 있어야 한다는 것이다. 사람들은 어느 정도 타인에게 의존하지만, 의존은 더 큰 의존을 불러일으키고, 삶의 기술을 학습하는 데 방해가 되며, 불안정한 정서를 유발한다. 합리적인 인간은 스스로 독립성과 책임성을 추구하지만, 도움을 필요로 할 때에는 주저 없이 도움을 구하고 또 받아들인다. 때로는 실패도 하지만 모험은 할 만한 것이며, 실패가 곧 파멸을 의미하는 것이 아님을 알아야 한다.

아홉째, 개인의 인생에서 과거의 사건은 현재의 행동을 결정하며, 그러한 영향력은 절대 변화될 수 없다는 것이다. 과거 학습의 역사를 극복하기는 쉽지 않지만 불가능한 것은 아니다. 합리적인 사람은 과거가 중요함을 인정하지만, 과거의 영향을 분석하고 체험에서 얻어진 해로운 관점을 의문시하며, 과거와 다르게 행동하

도록 자신을 강제함으로써 현재의 행동을 변화시킬 수 있다는 것
도 인식하고 있다.

열 번째, 인간은 다른 사람의 문제나 곤란에 대해 항상 걱정
해야 하고, 그것에 의해 동요되기 마련이라는 것이다. 타인의 문
제에 대해 항상 걱정에 사로잡혀 있고, 그들의 행동에 영향을 받
고 혼란을 경험하게 된다 해도, 그것은 타인의 행동을 어떻게 규
정하는가에 달린 것이다. 합리적인 인간은 타인의 행동이 혼란을
일으킬 만한 정당성이 있는지 우선 판단하고, 만일 그렇다면 걱
정만 하는 것이 아니라 타인이 변화할 수 있도록 도움되는 일을
하거나, 타인의 변화가 어렵다면 그러한 사실을 받아들이고 그에
대한 최선의 노력을 하게 된다.

열한 번째, 모든 문제에는 항상 정확하고 완전한 해결책이 있
으며, 만일 이것을 찾지 못하면 결과는 비참해진다는 것이다. 모
든 문제에 완전한 해답은 없는데도 그것을 고집하기 때문에 불안
이나 공포가 생긴다. 합리적 인간은 문제에 대한 가능하고 다양
한 해결책을 찾으려 하며, 완전한 해결책이 없음을 알아차렸을
때에는 그중 최선책을 받아들인다.

...

상태와 닻
존재방식을 변화시키는 모든 자극

상태란 어떤 순간의 당신의 존재방식, 즉 사고, 느낌, 감정, 정신적 육체적 에너지의 총체를 말한다. 개체와 개체 사이의 관계 속에 이루어진 의미가 상태이다. 특정 상태를 보면 이름이 있는 것은 사랑이나 매혹, 기민성, 분노, 질투 등이고, 이름이 없는 것은 '기분이 좋다', '의기소침하다' 등으로 표현된다. 모든 행동은 활동하기, 사고하기, 느끼기, 생리적 반등이 동시에 일어남으로써 이루어진다. 기쁜 상태나 우울한 상태 등이다.

변화시키고 통제하기 쉬운 것은 앞바퀴에 해당하는 활동하기와 사고하기이며, 통제하기 어려운 것은 느끼기와 생리적 반응이다. 바람직한 행동을 통한 습관의 변화 등을 위한 활동하기와 사고하기에는 그를 뒷받침할 수 있는 심신에너지가 필요하게 된다.

삶의 질을 결정하는 것은 경험 그 자체가 아니라 그 경험에 반응하는 자신의 방식이다. 어떻게 반응하느냐는 자신의 상태에 달려 있다. 세상에 대해 느끼고 싶은 대로 느낄 수 있는 선택권이 있다. 외부의 사건에 반응하면서 상대방과 상황에 따라 화를 내고, 흥분하고, 사랑하게 된다는 것을 안다.

선택할 수 있다는 것은 선택하지 못하는 것보다 낫다. 사람들은 당시에 할 수 있는 최선의 선택을 한다. 자신의 상태를 선택할 수 있다면 감정적으로 자유로울 수 있다. 현재 자신이 어떤 상태에 있느냐에 따라 선택의 폭이 제한된다. 자원이 없는 사람은 없다. 자원은 있지만 단지 자원이 없는 상태가 있을 뿐이다.

문제 속에 빠져 있는 상태에서 그 문제를 해결하려고 씨름하는 것은 무의미하다. 목욕물이 아무리 뜨거워도 물속에 있지 않는 한 뜨거운 물은 문제가 되지 않는다. 물속에 있으면서 너무 뜨거워 견딜 수 없어 물을 식힐 수 있는 방법을 궁리한다면 그것은 어리석은 일이다. 물이 너무 뜨겁다면 일단 밖으로 나와야 한다.

가장 밑바탕인 기저선 상태는 가장 편안하게 느끼는 익숙한 상태이다. 학습했던 것을 기억하기 위해서는 그것을 배웠던 당시의 상태를 회복해야 하는 것이 상태 의존적 학습이다. 얼마나 잘 배울 수 있는지의 문제는 배우고 있는 시점에서의 상태에 달려 있다. 다른 사람들의 상태를 인식하는 기술을 계측이라고 한다. 이는 다른 사람에게서 보고 들은 신호들을 상대의 내적인 상태와 관련시키는 것이다.

닻이란 상태를 변화시키는 모든 자극을 말한다. 어떤 자극에 대해 기계적으로 반응하기 전에 먼저 그것에 대해 반응을 선택하는 것이 닻에 대해 제대로 인식하고 대치하는 실천단계이다.

상태는 전염성을 가지고 있으므로 스스로가 자원이 풍부한 상태에 있다면 긍정적인 닻이 되어 행복한 기분을 유지할 수 있다. 잘한 일을 칭찬하고 상대를 인정하며 존중하고 즐거움을 주는 것이다.

닻을 이용하는 것은 기저선 상태나 학습상태 또는 원하는 어떤 상태를 계획하고, 변화시키고, 선택하기 위한 열쇠가 된다. 느끼고 싶거나 경험하며 갖기를 원하는 자원을 선택하여 그것을 닻으로 연결한다면 그 닻을 사용함으로써 자원을 현재의 순간으로 가져올 수 있을 뿐 아니라 원하는 상태를 이룰 수 있을 것이다.

자원에 접근하기 위한 방법은 역할모델을 찾고, 마치 기분 좋은 것처럼 행동하면 바로 그런 느낌이 들기 시작하는 생리적 반응을 이용하고, 과거의 경험을 회상함으로써 그 경험 속에 묻혀 있는 상태를 재경험하는 것처럼 생각을 변화시킨다.

앵커란 일관된 정서적 반응유형을 불러일으키는 감각적 자극을 말하고, 그것의 조건을 형성하는 것을 앵커링이라 한다. 앵커는 긍정적 정서상태, 즉 마음의 자산에 접목할 수 있는 신호나 단서라고 할 수 있다. 중요한 것은 강력한 앵커의 신호를 언제 발사할 것이냐 하는 것이다.

인식과 선택

무 의 식 영 역 통 해 효 율 적 선 택 이 뤄 져

　인식(인지과정)의 이해를 통해 개개인의 세상을 보는 눈이 모두 다른 이유와 고정적 사고 패러다임과 행동습관을 갖게 되는 이유를 이해하게 된다. 인식과정은 5감에 의해 외부의 정보를 받아들이고 삭제, 왜곡, 일반화를 통해 개인마다 다른 각각의 이미지를 형성하게 되고, 이는 몸의 생리작용을 불러일으키게 되며, 이 둘이 합하여 마음의 상태를 만들어내게 된다. 오감을 통한 인식과정은 시각이 75%이고, 청각 15%, 촉각 7%, 후각과 미각이 3% 등이다. 외부자극은 초당 2백만 비트(bit)인 데 비해 처리용량은 초당 136비트에 불과하다. 더욱이 기억되는 용량은 5~9비트에 불과하다. 에너지체계가 처리용량을 뒷받침하지 못하기 때문에 나머지 정보는 무의식 영역에서 처리된다. 무의식 영역은 자동반응 프로그램이다. 외부의 정보에 따라 인간의 행동을 올바로 할 수 있다는 것은 착각에 지나지 않는다.

　인지심리학에서는 사물을 이해하는 외부의 정보는 개체의 도

식(스키마schema)에 의해 비교되어 분류한다. 인격은 완전한 자율성을 누리는 것으로 공교육의 잘못된 부분이 여기서 나타난다. 무생물-광물-식물-동물-인격-신격으로 이어지는 자율성의 극치는 신에 관계된 부분이다.

의식(자각)은 영에 의한 활동이고, 무의식은 무자각이다. 외부의 정보 중 활동에 해당하는 것은 각본(스크립트script)에 의해 비교되어 분류되는데, 공부하기와 식당가기, 잠자기, 일하기 등이다.

기억은 심상과 언어명제 등으로 기억이 되어 각 개인마다 독특한 이미지로 형성된다. 각종 필터(선호, 가치, 호오, 지식……)를 거쳐 삭제, 왜곡, 일반화를 통하여 개체가 필요한 극히 일부의 정보만을 받아들이게 된다. 자극에 대한 빠른 반응을 위하여 첫인상 혹은 인상형성 등을 하게 된다.

인식과정의 정보제한은 같은 시간, 같은 장소에서 같은 경험을 하였다 하더라도 사람마다 전혀 다른 경험을 하게 된다. 현실은 무한한 상상력을 준다.

세상은 그 자체가 스스로 이름표를 붙이고 사람에게 다가오지 않는다. 오히려 사람이 거기에 이름을 붙이는 것이다. 엘더스 헉슬리Aldous Huxley는 시각, 청각, 촉각, 미각, 후각 등을 지각의 문이라고 하였다.

의식상태에서 인간은 어떤 신호를 받아들여야 할지를 결정하는 능력을 갖고 있다. 감각을 통해 모든 정보를 처리하는 것이다. 최종적으로 지각하는 것은 실재, 즉 현실 그 자체가 아닌 현실을 반영하는 것이다.

현실 그 자체가 아닌 현실을 그린 지도에 반응하는 것이 지각이다. 감각을 표상체계라 부른다. 외부의 일에 감각을 어떻게 사용하느냐에 따라 내면적인 사고경험이 영향을 받는다. 내면에서 사용하는 감각을 변화시킴으로써 경험을 변화시킬 수 있다. 학습 스타일이나 인간관계에 있어 시각적, 청각적, 감각적 스타일이 있다. 처리용량 한계에서 갈등이 생긴다. 받아들이는 것이 서로 다르다. 날아다니는 유성인 지구에 타고 앉아 처리되는 무한한 정보는 대부분 무의식 속에서 이뤄진다. 의식 영역에는 에너지가 동원되어야 한다. 효율성이 문제다. 무의식 영역에서는 에너지 소모가 적다.

반복학습 시 에너지 소모를 가급적 적게 하기 위해 무의식 세계에서 이뤄져야 한다. 에너지가 부족하면 136비트 단위로도 처리하지 못한다. 선택은 인식과정에서 일어나는데 실질적으로는 무의식 영역을 통해 효율적인 선택이 이뤄진다. 학습을 통해 자동반응화된 영역이다. 중력이나 원심력도 무의식 속에서 반응되고 있다.

인식과정은 도식화schema되어 있다. 아프리카 오지 주민들은 비행기가 날아가는 것을 처음 봤을 때 이전에 봤던 새가 날아가는 것으로 인식한다. 인식이 안 되어 있으면 이해가 안 된다. '저놈 이해가 안 된다'는 것은 스키마가 형성되지 않은 것이다. '저 사람 나쁜 사람이다'라고 했을 때는 도식화된 경험이 있는 것이다.

처리의 효율성은 뇌신경체계의 활성화에서 비롯된다. 쌍절곤 운동은 새로운 경로를 형성하게 하며, 말초신경의 센서를 살아 움직이게 한다. 경험되어진 것은 도식화되는 것이다. 기억력을 높이는 방법은 연산법이다. 설정된 도식과 연결될 때 기억이 잘 된다. 연결고리가 없으면 기억되지 않는다. 이해의 폭을 넓히려면 경험(경로)이 많아야 한다. 뇌의 판단 용량을 확대해나가야 한다.

선택과 배제
자 기 주 도 의 선 택 과 책 임 감

　선택과정에서 원하지 않는 부분을 배제함으로써 원하는 부분이 얻어지는 대신 배제된 부분이 문제를 일으키게 된다. 하나를 선택하면 다른 쪽은 배제된다. 없어지는 것이 아니라 그림자가 되어 남게 된다. 빛으로 하면 배제된 부분이 어둠이다.

　일반적으로 선택하면서 배제된 부분을 피하는 성질이 있다. 그러나 배제된 부분을 빼버리면 계산착오가 된다. 배제된 부분을 덮거나 피해 그림자를 만들지 말아야 한다. 고통은 피하고 즐거움과 기쁨을 선택하지만 고통은 언제나 함께 존재한다. 사랑에 빠지면 증오도 그만큼 더 커진다. 피하지 않고 인정하는 것은 계속 빛을 비춰 희석시키는 것이다. 뿌리치면 다른 쪽은 터져버리게 된다. 가슴 아픈 것을 그대로 인정하고 정면으로 맞서야 한다. 어둠의 자식을 만들지 말아야 한다.

　일원성이란 어떤 선택을 하는데 한 가지 가치기준을 갖고 선택하는 것을 말한다. 선택을 하는 데 있어 여러 가지 개인적인 제한에 의해 대개의 경우 일원성적인 접근을 함으로써 올바른 선택을 하는 데 어려움을 겪게 된다.

다원성은 여러 가지 가치기준을 같은 생활사건, 사물, 관계에 대해 적용함을 의미한다. 선택이 일원성에서 다원성으로 이뤄질 때 올바른 선택이 가능하다. 골머리를 앓거나 속상한 것 등 좋지 않는 것은 좋은 것으로 덧씌워 버려야 한다. 덮어버리면 더욱 진해져 신경망에 각인돼 계속 떠오르게 된다. 영화 상영과 같이 어느 부분이 촉발하는지 헤아려야 하고 영화감독이 되어 편집을 다시 하는 것이다.

선택을 피하는 문제만큼이나 선택에서 따라오는 문제를 배제시킨다는 것도 큰 문제이다. 양극성에 의해 어느 한쪽을 의식적이거나 무의식적으로 선택한다는 것은 선택되지 못한 부분을 배제하여 무의식 영역에 억지로 눌러 둔다는 것을 의미한다.

무의식적으로 배제된 부분을 누르는 것을 '억압'이라 하고, 배제된 부분(인정하고 싶지 않은 부분)을 타인에게 투사하여 타인을 비난하게 되는 경우를 '투사'라고 하는 방어기제이다. 융은 '그림자'라는 표현을 통해 자신이 인정하고 싶지 않은 부분은 무의식 깊은 곳에 억압하고 있다고 하였다.

방어기제에 의하든 그림자의 개념에 의하든 배제된 부분은 계속 누르고 있어야 발현되지 않기 때문에 이에 막대한 에너지를 지속적으로 소모하게 된다. 또한 배제된 부분은 우리가 에너지의 소진으로 인해 약해져 있거나, 자신이나 관계 속에서의 상대가 자신의 그 부분을 건드리는 일이 발생하면 예상하지 못한 대응이 자동적으로 일어남에 따라 심각한 문제를 발생시킨다.

상대방의 어떤 행위가 거슬린다는 것은 그것이 내가 원하지 않는 부분으로 눌러져 있는 부분에서 거슬린다는 판단을 자동적으로 내리게 되어 거슬리게 되는 것이다. 이는 상대방의 행위가 내게 전혀 이해되지 않거나 모른다면 그 행위에 대한 어떠한 감정도 형성하지 못할 것이기 때문이다. 상대방의 행위가 '예의가 있다'라고 생각하는 부분에 못 미친다(일원성의 선택)고 생각한 것으로 발생하며, 상대방의 행위는 내가 예의가 없다고 생각하는 부분에 비추어 이해가 될 때 발생한다. 상대방도 그 스스로 얻고자 하는 것과 얻는 것이 있기 때문에 선택을 하는 것이다.

근원적인 것은 '어떤 삶을 살고 싶으냐?'는 것이다. 자기 주도의 '하고 싶다'는 강압에 의한 '해야 한다'와 맞물린다. 강압은 틀이 돼 자기를 제한한다. 근원적인 문제는 내가 무엇을 하고 싶은 것인지 모르기 때문에 부모로부터 제시된 '해야 한다'는 강압적인 부분만 남기 때문이다.

공교육은 '해야 한다'는 것만 가르치고, '하고 싶다'는 것을 생각할 기회가 없다. 이로 인해 강압에 의한 선택 시 자존감이 없고 의욕이 없어진다.

'죽는다'는 문제도 자기 존재가 소외돼 자존감이 없이 나만 사라지면 끝이라는 느낌을 받기 때문이다. 호스피스는 병원의 밥상 (약 먹는 것 등)에서 선택하게 만들며 자존을 유지토록 함으로써 활기를 되찾게 만든다.

공부 잘한다고 성공한다는 보장이 안 된다는 것을 알아야 한다. 자기 주도는 창의성을 낳고, 선택 시 책임감이 뒤따르게 된다. 무엇을 할 것인지, 먹고사는 문제부터 고민하는 계기가 필요하다. 기회를 주어야 한다.

방어기제

11가지 자기보호 수단

　방어기제는 자기를 보호하기 위한 수단(방편)이다. 무의식적으로 작용하기 때문에 본인은 알지 못한다. 개인으로 하여금 현실을 거부 혹은 왜곡해서 지각하게 함으로써 자아를 보호한다.

　불안에 대해 직면해야 하고 이를 위해서는 자아가 튼튼해야 하고 불안이 너무 클 때 일종의 펜스 역할을 하게 된다. 인간관계에서 원하는 궁극적인 요소는 불안을 줄이는 것이다. 바람직한 방향은 에너지시스템을 활성화한 후 영적인 부분으로 진전해 총동원한 후에도 남는 부분이 있어야 한다. 보이지 않는 부분까지 느껴야 한다.

　첫 번째 방어기제는 억압repression이다. 위협적이고 고통스러운 생각, 감정들을 의식하지 못하도록 하는 방어수단이다. 용납될 수 없는 욕구나 충동, 생각 때문에 갖게 되는 불안으로부터 자아를 보호하고자 어떤 것을 자동적으로 의식하지 못하도록 하는 것

이다. 이것이 무의식 속에 남아 있어서 현재 그 개인의 행동동기
로 작용한다. 특히 생애 초기 5년 동안의 고통스러운 사상들은 대
부분 이런 식으로 의식에서 배제되는데 모든 신경질적 행동, 정
신 신체장애의 근본원인이 되는 경우가 많다.

둘째는 거부(또는 억제suppression)이다. 억압과 유사한 방어적
역할을 하나 일반적으로 전 의식이나 의식 수준에서 작동한다.
현실거부는 자아방어기제 중 가장 단순한데, 충격적인 상황에서
개인이 생각하고 느끼고 지각한 것을 왜곡하는 방법이다. 전쟁이
나 여타의 재난과 같은 비극적인 상황에서 사람들은 현실에 대해
눈감아 버린다.

셋째는 반동형성reaction formation이다. 위협적인 충격에 대한 또
다른 방어는 상반되는 충격을 적극 표현하는 것이다. 불안을 야
기하는 욕망에 정반대되는 의식적 태도나 행동을 취한다. 사랑이
라는 가면으로 증오를 숨길 수도 있고, 부정적 반응을 숨기고 너
무 잘해 줄 수도 있고, 지나치게 친절하게 행동하여 잔혹함을 은
폐할 수도 있다.

넷째는 투사projection이다. 자기 기만적 기제로 받아들일 수 없
는 자신의 욕망이나 충돌들을 다른 사람들에게 귀인시키는 것이

다. 음탕하거나 공격적인 충돌들을 내가 아닌 다른 사람이 가지고 있는 것으로 본다. 예컨대 딸에게 성적 매력을 느끼는 아버지는 딸이 자신을 유혹한다고 주장할 수 있다.

다섯째는 치환displacement이다. 위협적 대상에서 보다 안전한 상대에게로 이동시켜서 충동을 해소하는 것이다. 충동이나 욕구를 불러일으킨 원래의 대상이나 사람에게서 해소할 수 없을 때 다른 대상에게로 에너지를 향하게 하는 것이다. 상사에게 위협을 느낀 온순한 남자는 집에 와서 아이들에게 부적절한 적대감을 풀어 놓는 경우이다.

여섯째는 합리화rationalization이다. 상처 입은 자아를 설명하기 위해 타당한 이유들을 조작하여 행동을 정당화하고, 실망과 관련된 충격을 경감시킨다. 자신이 지원한 일자리를 얻지 못하면 왜 실패했는지에 대한 논리적인 이유를 생각해낸다. 실재로 자신이 그 자리를 원하지 않았다고 자신을 확신시키려고 한다. 이솝우화의 여우가 자신이 따 먹을 수 없는 포도를 '신포도'라고 생각하고 포기하는 것과 같은 것이다.

일곱 번째는 승화sublimation이다. 성적 또는 공격적 에너지를 다른 경로, 즉 사회적으로 허용되고 때로는 칭찬까지도 받는 경로로 전환하는 것이다. 프로이드학파의 입장에서 보면 많은 위대한 예술작품들은 성적 혹은 공격적인 에너지를 창조적 활동으로 전환시킨 결과이다. 공격적인 충동은 스포츠로도 전환할 수 있다.

여덟 번째는 퇴행regression이다. 극심한 스트레스나 극단적인 곤경에 직면할 때 미성숙하고 부적절한 행동을 고수하는 어렸을 때의 행동양식으로 돌아간다. 학교생활을 두려워하는 아이들은 울기나 극단적인 의존, 손가락 빨기, 숨기, 선생님에게 매달리기 등과 같은 유아적 행동에 빠지기 쉽다.

아홉 번째는 내사interjection이다. 타인의 가치나 기준을 받아들이고 삼키는 것이다. 포로수용소에서 어떤 수감자들은 적의 가치를 수용함으로써 심한 불안에 대처한다. 학대받는 아동이 학대하는 부모들의 스트레스 해결방법을 자기 것으로 삼아 아동구타의 악순환을 반복하는 경우도 있다.

열 번째는 동일시identification이다. 타인을 자신과 동일시하는 것은 아동들이 성역할 행동을 학습하는 발달과정의 부분이면서 자기 가치감을 고양시키고, 자기 실패감으로부터 자신을 보호하는 기제이기도 하다. 기본적으로 열등하다고 느끼는 사람들은 자신을 가치 있게 생각할 수 있기 위해서 성공적인 원인, 조직, 사람들과 자신을 동일시하려고 한다. 명품을 좋아하는 브랜드족이나 특정 지위에 오르고 싶어 하는 사람 등 열등의식의 소유자들이다.

열한 번째는 보상compensation이다. 부족한 점을 감추기 위해 약점을 지각하지 않거나, 어떤 긍정적 특성을 발전시키는 것이다. 긍정적인 관심이나 인정을 받지 못하는 아동들은 부정적 관심이라도 받기 위해 바람직하지 않은 행동을 하고 벌을 받는다.

기운 쌓기

기력 활성화를 위한 6단계 훈련

　　기운 쌓기는 에너지체계를 활성화하는 것이다. 운영방식을 바꾸면 화가 나도 쉽게 상태전환이 가능하다. 물질체계는 파동이 낮은(늦은) 것이고, 에너지체계는 파동이 높은(빠른) 것이다. 높은 진동수의 에너지를 활성화해 동원 가능해야 체계를 바꿀 수 있다. 기분이 나쁜 경우 빨리 상태전환이 필요하다. 몸은 지루한 상태에 빠지면 이를 바꾸기 위해 몸살을 앓게 된다. 최고로 좋은 상태는 진동수 높은 에너지 상태를 유지하는 것이다. 에너지 비중이 높아질 때 최적화가 이뤄진다. 기분 좋은 상태는 날아가는 느낌을 받고, 상심한 일이 생길 때는 몸이 처지며 진동수가 낮아 무거움을 느낀다.

　　에너지체계의 활성화는 뇌의 이미지를 바꾸면 된다. 기분 나쁜 상태의 이미지를 바꾸기 위해 주파수 높은 에너지가 동원되면 이미지 자체가 희미해진다. 기운 쌓기는 몸 전체 골고루 에너지 활성화를 위해 6단계로 이뤄진다. 쌍절곤 운동은 중심이동으로 뇌

운동 확장에 도움을 준다.

에너지시스템은 나(자아)라는 느낌과 존재라는 느낌 속에 형성된다. 나라는 느낌은 진동수가 낮아 물질화 쪽의 느낌이고 물질체계의 감각이 작용한다. 존재의 느낌은 높은 진동수의 에너지 느낌이다. 자기가치는 자신이 살아가게 하는 발판이다. 자기가치를 높이려고 하는 사람은 성공한다. 자아영역의 가치는 역할가치이다. 나라는 존재가 없으면 안 되고, 자기 중요도를 높이려고 노력하는 것이다. 비교하면 열등의식이 생기고 많은 피해가 발생한다.

존재영역의 가치를 높이는 것이 실질적으로 중요하다. 자아영역의 가치 비중은 두지 않아도 된다. 사람 사이의 모든 갈등문제는 자기를 인정받지 못하면서 발생한다. 자기가치가 없을 때 왜 살아야 하는가의 원초적 문제에 부딪치고 삶의 의욕을 상실하게 된다.

헬스선수는 근력은 좋지만 기력은 안 좋다. 기력이 막혀버리기 때문이다. 서양식으로 근육을 잘 다지면 젊고 생생하게 살 수 있다는 생각은 잘못이다. 길이 막혀 몸 받치는 부분이 무너져 내려 에너지가 쇠퇴하기 때문이다. 기력이 떨어지면 근력으로 버티게 되고 에너지 효율성이 떨어지며 에너지가 쇠퇴해 전체적인 몸 자체가 지탱을 못하게 된다. 기력이 강하면 물렁물렁하나 고무줄 같은 탄력이 생긴다.

기운 쌓기는 효율적인 에너지방식을 바꾸어 에너지체계를 활성화시켜 효율적인 움직임을 유도한다. 자아와 경험하는 나의 경계가 생겨 오감 아닌 다른 영역의 느낌인 육감을 통해 '에너지체계의 나'라는 존재가 형성된다. 존재영역 안에 자아영역이 포함된다. 자아영역의 틀이 잘못되면 문제가 발생한다. 에너지체계, 즉 존재의 나가 확장되어야 물질체계인 오감을 뛰어넘어 자기변화를 이룰 수 있다.

가치와 의미

인간의 존재가치와 궁극적 목적

가치는 존재이며 궁극적으로 얻으려 하는 것이다. 인정받거나 확인하기 위해 가치를 얻기 위해 노력한다. 가치가 없으면 있으나 마나 한 존재가 되고 비참해지며 자살동기가 된다. 버지니아텍 사건도 아이가 커가면서 반항하는 데 존재가치를 느끼지 못하기 때문이다. 존재가치를 얻지 못하면 삶 자체가 무너진다. 역할가치와 존재가치를 혼동하는 경우가 많다. 역할가치는 자기를 높이려는 관계에서 벌이지는 현상으로 많은 문제를 발생시킨다. 역할가치를 높이기 위해 노력을 많이 하는데 상대방을 비하하거나 무시하고 구박하기도 한다. 가장은 내가 너희들을 먹여 살린다거나 내가 없으면 안 된다는 말을 자주 한다. 이는 오히려 상대방의 가치를 높여주는 결과를 낳게 된다.

모든 관계 갈등은 역할가치 우열에 따라 생겨난다. 자기만의 비법을 전수하지 않는 이유는 자기의 역할가치를 떨어뜨린다고 생각하기 때문이다. 자녀교육도 부모가 자기 역할가치 높이기 위해 아이들을 통제하고, 안 먹히면 생존권으로 은연중에 흔드는 경우가 있다. 회장이나 반장을 하려는 것도 집에서 제대로 역할이 안 되는 경우 역할가치를 위해 하는 경우가 많다.

존재가치가 충족되지 않으면 역할가치로 대체하려고 한다. 돈 많으면 자기가치가 높다고 착각하는데 돈은 존재가치를 대신할 수 없다. 충족이 안 되기 때문이다. 시어머니가 며느리를 구박하는 것은 자기 역할가치를 높이려고 하는 것이다. 고교생이 인정받는 것은 역할가치를 높이는 것이고, 이를 위해서는 공부를 잘 하는 것이다. 대학교에 가면 상황이 달라져 혼동이 생긴다. 역할가치를 못 찾으면 우울증이 생기고 무력감이 생긴다.

역할가치에서 윈윈하는 것은 평등관계를 지향하는 것이다. 가치는 삶의 의욕과 연계하는 것이다. 생산성도 의욕이 있어야 하고 관계가 잘 되어야 생산성이 향상된다.

역할이 없어도 존재가치를 인정되어야 한다. 가족은 역할가치 아닌 존재가치로 인정된다. 기운 쌓기는 건강하기 위함보다 존재가치를 얻기 위한 것이다. 에너지체계(존재가치)의 활성화를 통해 역할가치를 즐길 수 있을 때 윈윈관계가 이뤄진다.

가치는 쓸모 있는 것을 말한다. 이는 자체에서 형성되는 것이 아니라 관계 속에서 의미가 부여돼야 이뤄진다. '나는 나 자체로서 의미가 있다'는 말은 성립이 안 된다. 나 이외의 것과 관계 속에서 의미가 부여되는 것이다. 스스로 의미를 부여하는 것을 '자유의지'라고 한다.

같은 틀 안에서는 의미부여가 안 된다. 전체와 연계된 부분에서 의미부여가 가능하다. 가치, 즉 쓸모 있음에 대한 확인노력은 죽어 없어짐(존재의 불안)에 대한 불안요소를 줄이려는 상대적인 작용이 일어나기 때문이다. 자기가치를 높이려는 노력이다. 노화는 죽어 없어짐에 가까워 살아 있으나 죽으나 큰 차이가 없다. 궁극의 목적은 삶이 아니라 죽음을 통해서 궁극이 이뤄져야 한다. 산다는 것 자체가 궁극(끝)이 아니다. 궁극의 전환점은 죽음이다. 삶과 죽음은 새로운 시작과 맞물림이다.

자식과 부모의 관계는 자식은 부모의 몸을 빌려 태어난 고유의 개체이다. 부모는 몸만 빌려준 것이기 때문에 자식에게 간섭할 권리가 없다. 부모가 의도해서 낳는 생명이 계속 유지되지 않기 때문에 다른 것으로 대체된다.

삶의 궁극적인 목적은 무엇인가? 의미를 부여하는 것은 인간이란 존재가 의미를 부여할 수 없고, 인간 아닌 다른 존재에 의해 의미가 부여된다. 다른 존재가 있다. 존재불안을 해소하고 안정을 찾기 위해서는 각자가 선택해서 받아들여야 한다. 인간의 존재가치는 인간 내에서 답을 찾을 수 없다. 인간 밖에 다른 관계 속에서 형성된다. 존재가치는 독립성이고, 역할가치는 의존성이다. 기독교는 하느님을, 불교는 부처를, 이슬람교는 마호메트를 선택했다. 죽음의 기저 공포 속에서 벗어나기 위해 공격성이 드러나기도 한다.

목적 없는 공부는 힘들다. 가치는 바깥에서 얻어지며 졸업 후 상황과 연계된다. 삶 속에서도 나의 가치를 모르는 경우가 있다. 삶을 떠난 다른 쪽에서만 보이기 때문이다. 의미와 가치를 깨닫지 못하면 괴로워진다. 학교를 목적 없이 그냥 다니는 것과 같다.

경영학에서 '모든 것은 목적을 가지고 있다'는 말Everything has purpose이 있다. 목적은 정점이다. 교수나 아빠, 사장, 박사가 되는 것이 목표이면 못 되면 실패한 인생이 된다.

목적을 위한 목표가 되어야 한다. 목적은 목표와 다르다. 목적을 위해 목표는 수정될 수 있다. 목적을 모르면 목표를 세울 수 없다. 인간도 목적을 모르면 엉망인 삶을 살게 된다.

인간의 목적은 무엇인가? 존재가치이다. 결국 인간을 세상에 보낸 신(절대자)을 기쁘게 하는 것이다. 결혼의 목적은 무엇인가? 의지하고 가족을 형성하고 성공적인 삶을 사는 것이다. 회사의 목적은? 목적을 인식해야 얻고자 하는 것을 얻을 수 있다.

염원하기

심신이 하나 된 염원은 우주의 기를 이끌어

염원하기는 우리가 가지고 있는 소중한 염원(꿈, 희망, 성취목표)을 담아내어 우리의 마음과 몸속에 각인하는 과정이다. 중심은 3부분의 신경뭉치(이마 중심부분, 가슴 중심부분, 배꼽 아래부분)에 집중하여 염원을 형성하여야 한다. 이 명상 절차에서는 염원을 키우고, 압축하고, 담아내는 염원의 존재에 전념한다.

'THE SECRETS'는 간절히 염원하고 염원한 것이 이뤄졌다는 것을 믿고 이뤄진 것처럼 행동하면 생각대로 된다는 것을 가르친다. 기도나 심신이 하나가 된 염원은 우주의 기를 받아 염원이 이뤄진다는 것이다.

개체와 전체 속에서 전체인 우주에서 신호가 많이 오는데, 개체는 자기 틀 속에 갇혀 소통을 단절하기 때문에 고독하고, 불안하고, 나약한 존재가 되는 것이다. 그러나 종교의 믿음을 가지거나 자기 신념이 확고한 사람은 나와 나 이외의 것에 대한 소통을 두려워하지 않고 항상 열린 마음이 된다. 에너지체계가 활성화돼 영적비중이 높아지기 때문이다. 진정으로 원하는 마음이 있으면 우주가 에너지를 돌려 보내준다.

새로운 것을 받아들이려면 오래된 것을 놓아야 한다. 미래를 위해 자신을 매일 비워 나가야 한다. 더 많은 것을 쥐려면 주먹을 펴야 하는 것과 같다. 원하고, 믿고, 받아들이면 된다. 진심으로 세상을 위하는 행동은 세상에 봉사하려는 마음이며 우주가 도와준다.

심장박동을 위해서는 에너지(기)가 필요하다. 경락에는 에너지 돌기가 있다. 피 속에도 기가 있다. 에너지 근원은 몸속에 들어와 있는 태양인 단이다. 심장박동으로 폐와 연결돼 전기가 공급된다. 심장에서 폭발이 이뤄지는 것이다. 호흡을 통해 산소교환이 이뤄진다. 에너지 근원이 호흡과 연관된다. 임종 시 호흡이 멈춘 후 심장이 멈춘다. 공기 중에는 산소보다 질소가 많다. 심장에서 폭발을 일으키는 불씨는 질소에너지다. 산소와 결합돼 폭발이 일어난다. 귀하다는 것은 없어서는 안 되는 것인데 흔한 것이다. 소중한 것도 마찬가지다. 거꾸로 인식되고 있다. 공기와 물은 없어서는 안 되는 것으로 소중한 것이다. 그러나 흔하기 때문에 소중하게 여기지 않는다. 산삼은 없어도 산다. 큰 필요성이 없다. 흔한 것이 필요한 것이고 귀한 것이다. 에너지 흐름을 바꿔야 한다. 살찐 사람은 생각도 안으로 움츠린다. 남하고 협력이 안 되고 귀찮아하고 변덕스럽다.

뇌의 경로를 재점검해야 한다. 감사하기와 염원하기로 바꿔야 한다. 내 몸의 주인은 내가 아니다. 드러나고 보이는 것은 주인이 아니다. 물질이 주인이 아니라 에너지가 주인이다. 내가 주어가 되어서는 안 된다. 주인도 아닌 것이 주인행세를 하는 것과 같다. 계산오류가 생겨 잘못된 계산서가 날아온다. 서양에서는 영적인 토대가 이뤄져 물질을 마음대로 휘둘러 잘산다. 영적인 비중이 있기 때문에 물질의 움직임을 조정할 수 있다. 에너지 비중이 높아져야 배짱이 생기는 것이다.

감기는 몸을 조절할 수 있도록 에너지를 차단하는 것이다. 몸 전체를 무력화시키는 가장 좋은 방법은 인플루엔자를 활용하는 것이다. 이에 대처하기 위해서는 몸의 온도를 높여 조율함으로써 제압해야 한다. 약 먹으면 조율할 부분이 처리 못 하고 넘어간다. 아프지 않게 하는 진통효과밖에 없다. 폐와 관련된 부분인 기관지가 청소되는 것이 재채기이고 기침이며, 가래가 나와야 다 낫는 것이다.

홍역은 생의 통과의례이다. 인간도 자연의 부분으로 지나친 인공을 가하면 천재지변이 뒤따른다. 노자의 무위사상은 인위를 배척하고 자연의 순리를 따르라고 가르친다.

한방의 중심은 뜸이다. 에너지를 공급하는 것이다. 불은 에너지다. 핵심은 화기이고 아류는 열기이다. 혈류의 중심은 피 돌기다. 마사지는 피 돌기, 에너지 돌기에 도움을 준다.

자기 변화
기존 습관 바꾸려면 방식을 바꾸어야

자기의 잘못된 기존 습관을 변화하려면 에너지 공급이 이뤄지거나 새로운 신경망 확장으로 경로를 넓혀 새로운 사고가 형성되어야 한다. 몸의 움직임도 필요하고 새로운 신경망 확장 운동도 중요하다. 승마는 신경망 반응에 좋다.

신경망 체계상 실질적인 것에 반응하는 것이 아니고, 이미 자신이 갖고 있는 지도에 반응하는 것이다. 실재는 놓치고 있다. 항상 자기 지도를 점검해야 한다. 내비게이션을 아무리 자세히 만들어도 실제와는 거리가 있다.

판단의 근거는 자기 지도이다. 자기 판단을 너무 과신하는 것은 잘못됐다. 항상 검증이 필요하다. 과거의 습관인 지도에 걸리면 그대로 반응한다. 나의 지도에 의해 반응하고, 실재와 거리감이 있고, 인식에 한계가 있기 때문에 화가 나게 만든다. 우리나라는 눈치가 발달하고 사랑도 느낌으로 한다. 서양에서는 직선적으로 대하고 사랑도 말로 표현한다. 말해야 드러나는 것이다. 눈치나 느낌은 문제를 야기시킨다.

의식화는 반복학습의 자동반응이다. 강화되면 무섭게 변한다. 현대인의 적으로 간주되는 암도 방식을 바꾸어야 치료가 가능하다. 체질에 맞지 않는 음식을 먹거나, 성격에 맞지 않은 일로 스트레스를 받거나, 환경이 맞지 않는다면 쌓이고 쌓여 암으로 나타난다. 암 환자에게 우선 환경을 바꿔주면 효과를 보이는 것은 기존 사고방식과 틀에서 벗어나야 함을 일깨운다. 방식을 바꾸면 결과가 바뀌는 것이다. 약효보다 더 중요하다.

공부도 잘하는 이의 모델을 삼아야 한다. 뭔가 달라지려면 방식을 바꿔야 한다. 자기 지도에 의해 기존 방식을 고수하면 변화가 안 되고 새로운 사고를 만들어낼 수 없다. 익숙한 것, 즉 습관을 바꾸려면 에너지 동원을 해야 하는데 많은 저항을 받게 된다. 기존 습관을 버리기는 어렵다. 7가지 습관이 있다면 습관을 바꾸기 어렵다. 8번째 습관을 만들어 대치시켜야 한다.

에너지가 공급되어야 습관이 바뀐다. 새로운 에너지가 공급되어야 한다. 자식은 자기가 알고 있는 거울(지도)에 비춰지는 것만 안다. 자기 정체성도 거울에 따라 성립되기 때문에 서로 달라진다. 내가 알고 있는 지식은 내 지도에 의해서 파악하는 것뿐이다. 나를 인식하는 것은 거울이 있어야 한다. 늑대소년은 인간적인 정체성이 없다. 나라는 정체성을 형성하려면 상대라는 거울이 필요하다.

　뇌신경체계에는 우선순위가 있어 초점을 바꾸면 된다. 속상한 부분은 에너지 공급을 줄여 경로를 바꾼다. 술은 일시적인 현상이고 도피성이다. 문제에 초점을 맞추는 것이 아니라 그 상황에서 나아가야 할 방향으로 나가야 한다. 피하지 말고 갈 방향으로 초점을 바꾸는 것이 중요하다. 레이서는 교육을 받을 때 차를 달릴 때 일부러 미끄러지게 하며 부딪치는 것에 신경 쓰지 말고 가야 할 방향만 쳐다보게 한다.

2부

체질이야기

몸과 마음을 다스려가는 데 마음 못지않게 중요한 것이 몸이다. 각자의 몸에는 자신의 체질에 따라 몸에 맞는 음식과 해로운 음식이 있고, 성격도 다르며, 맞는 운동도 다르다. 이처럼 체질에 따라 달라지는 것을 알고 있으면 건강뿐만 아니라 일생을 살아가는 데 엄청난 도움을 받을 수 있을 것이다. 자신의 체질을 모른 채 몸에 좋다는 것을 아무것이나 섭취하거나 몸에 맞지 않는 운동으로 오히려 몸을 망치는 경우가 많다.

체질에 따른 분류는 혈액형이나 사상체질, 에니어그램 등이 있는데 종합적으로 가장 앞서 있다고 생각되는 것이 여기 소개되는 8체질이다. 8체질 의학은 우리나라 8체질의학의 창시자인 권도원 박사의 기고문과 실제 사례, 수제자인 요한한의원 김창근 박사의 실제 사례 등을 모은 '권도원 박사님의 8체질의학'에서 기초한 것이다.

인간의 몸에는 내실장기 5개와 내공장기 5개 등 모두 10개의 내장이 있는데, 이것들이 나면서부터 그 강약배열이 다르게 되어 모두 8개의 서로 다른 체질이 나타난다. 즉, 심장, 폐장, 췌장, 간장, 신장, 소장, 대장, 위, 담낭, 방광 그리고 자율신경의 교감신경, 부교감신경의 12기관의 기능적인 강약배열의 8개 구조를 말한다.

8체질을 감별하는 유일한 방법은 두 손목에 있는 요골동맥에서 집는 체질맥진법으로 전통맥진과 완전히 구별된다. 이것은 나면서부터 죽는 시간까지 변하지 않는 8개 맥상 중의 하나를 찾아내는 방법이다. 같은 맥상을 가진 사람들은 천 명이고 만 명이고 육체적으로나 정신적으로 나타나는 표현이 같고, 병리가 같고, 음식과 약물 반응이 같고, 같은 치료법으로 같은 병이 치료되는 같은 체질이라는 것이다. 시간에 따라 음식에 따라 체질이 바뀌진다는 것은 잘못된 생각이다.

이에 따라 각 체질별 이로운 음식과 해로운 음식이 있고, 성격도 서로 다르게 나타난다. 체질에 맞는 음식을 먹으면 몸과 정신이 좋아지고, 반대로 해로운 음식을 먹으면 몸과 마음이 무너진다는 것이다. 요즘 주요 사망원인인 암의 경우도 장기간 체질에 맞지 않은 음식을 먹거나 성격에 맞지 않은 환경에서 지내다 발생하는 경우가 많은 것으로 나타난다.

몸에 문제가 발생했을 경우에도 도시에서 농촌으로 환경을 바꿔 육식위주에서 채식위주로 바꾸면 몸이 좋아지는 것은 체질에 맞게 음식을 선택한 경우가 된다. 체질에 따라 육식을 해서는 안 되는 체질이 있고, 반드시 육식을 해야 하는 체질이 있는 만큼 건강을 위해서는 체질에 맞는 음식 섭취가 가장 중요하다고 할 수 있다. 또 같은 음식이라도 어떤 체질에는 이로운 반면 다른 체질에서는 독이 되는 결과로 나타나 건강을 위해서는 심층연구가 더욱 필요한 실정이다.

8가지 체질에 따른 성격과 음식, 운동 

타고난 개인의 잠재조건 분석을 통해 개인의 잠재조건을 알아본다. 사상체질은 태양, 태음, 소양, 소음으로 나뉜다. 태양은 봄이고, 태음은 가을, 소양은 여름, 소음은 겨울에 해당된다. 태양인은 완벽주의자로 시작하면 끝을 봐야 하고, 태음인은 모으는 기질이 있으며, 소양인은 펼치는 기질이 있어 나가는 것을 좋아하고, 소음인은 맺히는 기운으로 세밀함과 정확성이 많다.

4가지 체질이 잘 작동하느냐는 물질체계의 건강이 중요하다. 태양의 성향은 철저성과 책임감, 모범성이고, 태음은 고지식, 침착, 지구력 등이며, 소양은 적극성, 활동성, 사교성을, 소음은 세밀성, 정확성, 사려 깊음 등을 들 수 있다.

체질별 장기 배열은 다음과 같다. 간이 가장 큰 장기로 선두에 서고 다른 9개 장기의 강약의 순서대로 배열되는 체질을 목양체질이라 하고, 담낭이 선두에 서고 다른 9개의 장기가 강약의 순서로 배열된 체질을 목음체질이라 한다.

이런 식으로 췌장이 선두에 서는 배열을 토양체질, 위가 선두에 서는 배열을 토음체질, 폐가 선두에 서는 배열을 금양체질, 대장이 선두에 서는 배열을 금음체질, 신장이 선두에 서는 배열을 수양체질, 방광이 선두에 서는 배열을 수음체질이라 한다.

8체질 중에는 교감신경이 항상 긴장상태에 있는 금양, 금음, 수양, 수음의 4체질이고, 부교감신경이 항상 긴장상태에 있는 목양, 목음, 토양, 토음의 4체질이 있다. 커피를 마셔서 좋은 체질은 부교감신경이 긴장상태에 있는 체질이고, 커피를 마셔서 좋지 않은 사람은 교감신경이 긴장상태에 있는 체질 중의 한 체질이라는 것이다.

체질별 특징
8 체 질 에   따 른   신 체 와   성 격 ,   음 식   특 징

목양체질은 풍채가 좋고 체구가 큰 사람이 많다. 눈사람처럼 어깨가 좁고 아래로 내려가면서 굵어져서 허리가 가장 크다. 건강한 사람은 항상 땀이 귀찮도록 많으며 몸이 괴로울 때 땀을 흘리면 몸이 가벼워진다. 혈압이 높아야 건강하고 의욕도 왕성하다. 평소 말이 적고 숨이 짧아 노래가 잘 안 되는 음치가 많다. 말을 많이 할 때 가장 피곤하다. 왼쪽 발이 잘 삐고, 왼손으로 오는 병이 많다. 채소와 생선을 많이 먹거나 육식을 적게 하면 이유 없이 피곤하고 눈이 아프며 발이 답답하다. 육식과 더운 목욕을 즐기면 살이 희고 채식과 생선을 즐기고 냉수욕을 자주하면 색이 어둡고 검어진다.

목음체질은 대변이 잦은 것이 특징이다. 그것이 건강과는 크게 관계는 없다. 몸이 허약하여지면 항상 배꼽 주위가 불편하고, 몸이 냉하며 다리가 무겁고 잠을 잘 못 잔다. 감정이 약하여 조금만 섭섭한 말을 들어도 자극을 심하게 받는다. 성질은 급한 편이나 독하지 못하다. 오른쪽이 약하다. 채식과 생선을 즐기면 아랫배가 편할 날이 없다.

토양체질은 성질이 급한 것이 특징이다. 보는 것을 먼저 말로 토해버린 다음에 생각한다. 한 자리에 오래 있는 것을 싫어하고, 움직여 활동하는 것을 좋아하며 일이 없으면 만든다. 주선력이 강하나 뒤처리가 흐리다. 소화력이 강한 식도락가이기도 하다. 시각이 발달하여 화가가 많다. 독신주의자 거의가 이 체질이다. 머리가 일찍 희는 사람이 많다. 혈압이 낮은 편이나 조금만 높아도 괴롭다. 왼쪽 병이 많고, 백납은 거의 이 체질의 독점 병이다. 일찍 자고 일찍 일어난다.

토음체질은 몇십만 명 중에 하나가 있는 드문 체질로 만나기가 쉽지 않다. 페니실린 쇼크를 받는 체질이 이 체질로 생각된다. 비교적 잔병이 없고 병원에 가기를 싫어한다. 오른쪽이 약하다.

수양체질은 변비가 특징이다. 보통은 2일에 한 번 통변하나 3일, 5일, 7일 만에 하는 사람도 있다. 그러나 크게 고통스럽지 않다. 건강하면 땀이 없고 약하면 땀이 난다. 봄부터 여름에 약하고, 가을에서 겨울에 건강하다. 일사병으로 잘 넘어지는 아이는 이 체질이다. 어깨가 넓고 허리가 가늘며 엉덩이가 나와 몸매가 곱다. 성품이 세밀하고 조직적이며 의심이 많아 남의 말을 쉽게 믿지 않는다. 냉수마찰과 수영이 좋다. 운동신경이 발달하여 무슨 운동이든지 잘한다. 왼쪽 고장이 많다.

　수음체질은 위 무력과 위하수는 이 체질의 독점 병이다. 음식은 놀랄 정도로 적게 먹어야 하고, 건강하고 보통 양으로 먹은 것은 과식이 된다. 무슨 병이든지 위 불편이 소식을 알린다. 변이 항상 무르고, 설사를 하면 힘이 빠진다. 모든 병이 오른쪽에서 시작된다. 보리와 돼지고기는 이 체질의 독이다.

　금양체질은 윗머리 아랫부분이 윗부분보다 나왔다. 자기를 나타내는 것을 좋아하지 않으며, 모방을 싫어하고 창의적인 것을 좋아한다. 육식을 하면 알레르기성 질환으로 변하여 편할 날이 없다. 아토피성 피부질환은 이 체질이 육식을 많이 했을 때 생기는 특유 병이다. 금니가 이 체질에서는 독으로 변한다. 인공섬유를 입으면 유난히 전기가 많이 일어난다. 모든 약이 효과가 없고 오히려 해가 된다. 왼쪽에 병이 많다.

　금음체질은 화를 잘 내고 화를 내면 오른쪽이 무력해진다. 육식을 많이 하면 파킨슨병 같은 희귀병에 걸리고 대변이 항상 가늘고 불만스럽다. 모든 약이 효과가 없고, 일광욕과 사우나탕도 좋지 않고, 오히려 수영은 좋은 운동이 될 수 있다.

체질별 생리
인간의 내면을 알 수 있는 체질별 특성

　　체질은 선천적이며 부모의 두 체질 중의 하나를 닮는 유전인 것이다. 체질별 생리를 보면 과묵하고 다른 사람이 열 마디 하면 한두 마디로 답해 버리는 사람, 노래할 때 숨이 짧아 하는 사람은 목양체질이다. 폐가 작아서 말을 많이 하는 것이 무엇보다도 피곤하고, 소리가 고와서 훈련에 따라 노래를 잘할 수도 있으나, 음치의 대부분은 이 체질에 속한다. 대개 몸집이 크고 과묵한 것이 덕 있는 사람으로 보여 선거에서 당선율이 높고 따지기를 좋아하지 않는 체질이다.

　　목음체질은 감성적이고, 조그마한 말에도 상처를 쉽게 받아 잘 잊히지 않는다. 손으로 던지고 발로 차는 운동에 능하다. 다른 사람보다 5년 후에 골프, 공 던지기, 축구를 시작해도 얼마 안 가서 그들을 앞지르는 것이다. 이 체질은 대개 팔 다리가 길고 손발이 크다. 이런 이유로 운동선수를 뽑는 데도 체질적인 고려가 중요하다.

　　금양체질은 대개 비현실적이며 전면에 나타나기를 좋아하지 않으면서, 창의력이 강하여 새 기원을 이루는 일에 기질이 있는 체질이다.

금음체질은 마라톤 선수가 대부분 이 체질이다. 단거리는 잘 못 뛰는데 장거리는 다른 사람이 지쳐 떨어지기 시작하는 때부터 새 힘이 나서 남는 힘으로 완주를 해내는 체질이다. 이 체질은 자신도 모르게 아무것도 아닌 일에 화를 잘 내는 편이다. 그것은 다 육식의 탓 때문이다.

토양체질은 한마디로 '빨리빨리'의 체질이다. 걸어가는 것도, 남의 뒤따라가는 것이 싫고 무엇이든지 일을 보고 가만히 있지 못하는 부지런하고 활동적인 체질이다. 호기심이 많아 무엇이든지 좋은 것은 다하고 싶고, 일이 없으면 만들고 다니며 눈 센스가 빨라 미술 하는 사람도 많다.

토음체질은 아주 드문 체질이다. 1년에 한 사람의 환자도 볼까 말까 한 체질이다.

수양체질은 아주 세심하고 정확한 것을 좋아하며, 의심도 많아 직접 체험하지 않고 남을 믿기가 어려우며, 신의 존재도 믿기가 어려운 체질이다. 그러나 만 가지를 정리하는 작업에 능숙한 체질이다.

수음체질로 건강한 사람은 대개 소식하는 사람으로 본래 위를 작게 타고나 먹는 것에 관심이 없는 것 같이 보이지만 그것이 이 체질의 최상의 건강법이다.

체질별 병리
음식, 목욕, 운동, 주거의 선택에 따라 영향 커

　강하게 타고난 장기에 유익한 음식을 많이 섭취하므로 그 장기의 기능이 더욱 강해지거나, 반대로 약하게 타고난 장기에 해가 되는 음식을 많이 취하므로 그 장기가 더욱 약해지므로 선천적인 장기의 적불균형은 후천적인 과불균형으로 변하게 된다.

　음식뿐만 아니라 목욕, 운동, 주거 등 모든 생활들이 다 각 장기와 관계가 있다. 그래서 취하기에 따라 강하게 타고난 장기가 억제되고 약하게 타고난 장기가 강화되는 좋은 결과가 올 수도 있고, 반대로 강한 장기가 더욱 강화되거나 약한 장기가 더욱 약화되는 결과가 올 수도 있는데, 후자가 바로 후천적인 과불균형의 원인이며 체질병리의 형성과정인 것이다.

　산소가 풍부한 녹음 속이나 등산도 해가 되는 체질이 있다. 폐를 강하게 타고난 금양, 금음체질은 강한 폐가 그 좋은 공기 때문에 더욱 강해져서 상대가 되는 길항장기를 약화시켜 병을 만든다. 기거하는 방에 차 있는 공기도 그것이 어느 방향에서 온 공기냐에 따라 병이 되기도 하고 유익하기도 하다는 것이다.

같은 음식을 먹고 병이 생기는 사람과 오히려 병이 낫는 사람이 있는가 하면, 같은 약으로 효과를 보는 사람과 악화가 되는 사람이 있는 것도 그것들이 각 체질의 장기 배열과의 관계가 다르기 때문이다. 각 체질에는 다른 체질에서 볼 수 없는 특유질환도 있다.

목양체질은 본태성 고혈압의 체질로 170/80 정도의 고혈압은 병이 아닌 건강한 상태이다. 다른 병증이 없는데 그것을 떨어뜨릴 때 오히려 건강을 잃고 힘이 없어 활동할 수가 없게 되며, 나중에는 혈전중풍으로 우측을 못 쓰고 언어장애가 오게 된다. 이것은 목양체질만의 경우이고, 다른 체질에 있어서의 이런 혈압의 상태는 고혈압의 위험상태인 것이다. 목양체질도 혈압이 200을 넘으면 주의를 해야 하며, 이 체질의 뇌출혈의 경우는 왼쪽을 못 쓰게 되나 언어는 대개 괜찮은 경우가 많다.

목음체질은 죽어가면서도 술만 찾는 심한 알코올중독에 잘 걸리는 체질이다. 다른 체질이 술을 과음하면 병이 생길 수는 있으나 목음체질 같은 중독자가 되지는 않으며, 알코올중독은 바로 목음체질이라는 신호이기도 하다.

금양체질의 경우 아토피성 피부병이 이 체질밖에 없는 특유의 불치병으로, 낫는 방법이 하나가 있는데 육식을 완전히 끊는 것이다. 골수성 백혈병도 이 금양체질의 병이다.

금음체질은 파킨슨병에 잘 걸리는 체질이다. 이 체질이 육식을 과하게 하므로 이 파킨슨병과 치매에 걸리지만 금양체질처럼 아토피나 골수성 백혈병에는 걸리지 않는다.

토양체질의 특유병은 백납병이며 이유 없는 건강한 불임증도 이 체질의 경우이다.

수양체질의 어린아이에게서 흔히 보는 일사병과 건강하면서 매일 변을 못 보는 상습 변비도 수양체질의 특유증이다.

수음체질의 특유병은 위하수증과 임파구성 백혈병이다.

체질별 치료

장기에 맞는 영양공급과 원인치료

　　체질치료는 대증치료가 아닌 원인치료이다. 같은 위병이라도 각 체질별로 그 원인이 다르므로 치료법 역시 다르다. 약물로는 8체질 병리의 복잡성에 대응할 방법이 없다. 새로운 침법이 이를 대신한다. 체질감별과 병리계산이 맞으면 현저한 효과가 나타나지만 조금만 틀려도 부작용이 따르는 5천 년 침 역사에서 처음 시도되는 치료법이다.

　　요골동맥 좌우 쌍을 이루는 8쌍의 맥상들은 선천적인 것으로, 평생 어떤 경우에도 변하지 않는 자기 체질의 사인을 가져 8체질 구분의 기본이 된다.

　　체질별로 유익한 음식과 해로운 음식이 있다. 모든 음식은 몸 전체와 전 내장을 하나로 보는 영양공급이 아니라 위의 영양이 되는 음식, 간의 영양이 되는 음식, 폐의 영양이 되는 음식 등 각 장기별 영양 공급이 다르다.

　　이에 따라 선천적으로 위를 강하게 타고난 체질은 위의 영양이

"

되는 음식을 단절해야 하고, 폐를 강하게 타고난 체질은 폐의 영양이 되는 음식을 단절해야 한다. 반면에 체질들이 약하게 타고난 장기들의 영양이 되는 음식을 공급해 병의 원인이 되는 후천적인 과불균형을 미연에 막아야 한다. 체질 영양을 위해서는 각 장기별 음식 분류가 선행되므로 각 체질이 먹어야 하는 음식과 먹어서 안 되는 음식이 결정된다.

야생동물인 조류나 어류들은 잡아먹히거나 자연사할 뿐 병사하지는 않는다. 가축의 병은 기르는 인간의 잘못이 원인이 된다. 동물들은 나면서부터 좋고 나쁜 것을 분별할 줄 안다. 인간은 선악을 분별하는 감각뿐만 아니라 먹을 것 못 먹을 것을 분별하는 감각도 사라져 버렸다.

인간은 목양, 목음, 토양, 수양, 수음, 금양, 금음 등 여덟 가지 체질로 분류되며, 그중 소화력이 가장 약한 체질이 수음체질이다. 보리는 수음체질에 가장 해로운 식품이다. 토양체질에는 보리가 보약과 같은 효과를 낸다. 당뇨병이 가장 많이 발생하는 체질도 토양체질인데 보리음식이 특효약이다. 보리는 인간의 위열을 식혀주기 때문이다. 금은 금양체질에 독이 된다. 금니를 한 경우 금양체질은 광대뼈가 튀어나오는 등 부작용이 뒤따른다. 그러나 금에는 불치의 병인 류머티즘를 낮게 하는 치유력이 있다.

선천적으로 폐를 강하게 타고 난 금양체질에게는 금이 강한 폐를 더 강하게 하여 장기들의 불균형을 더욱 조장하는 반면 폐가 약한 체질에게는 도움을 주기 때문이다. 8체질 중에 금은 목양체질만큼 이익이 크지 않지만 그 편에 속하는 체질이 목음체질, 토양체질이고, 금양체질만큼 독성이 심하지 않으나 그 대열에 속하는 체질로 금음체질, 토음체질, 수양체질이 있다.

건강에 관한 한 먼저 자신의 체질을 알아야 하며 그것을 모르는 경우 음식도 혼합식이나 균형식이 좋다. 무분별한 채식주의는 마치 호랑이나 사자에게 풀을 먹이는 어리석고 위험한 편식주의가 되어버릴 수 있다.

간이 강하고 폐가 약한 목양체질과 담이 강하고 대장이 약한 목음체질은 육식을 해야 하고, 폐가 강하고 간이 약한 금양체질과 대장이 강하고 담이 약한 금음체질은 채식을 해야 한다.

돼지고기는 비뇨기계 장기를 돕고 닭고기는 소화기계 장기를 돕는다. 그러므로 돼지고기는 비뇨기계 장기가 약한 토양체질과 토음체질에 더 좋고, 닭고기는 소화기계 장기가 약한 수양체질과 수음체질에 더 맞는다.

마찬가지로 배추, 상치, 오이 등은 금양과 금음체질에 최상 상품이며, 무와 당근, 도라지 마늘 등은 목양과 목음체질의 최고 식품이 된다. 아토피성 피부염 환자는 육식의 세상이 된 우리나라에 나타난 병으로 금양체질에만 나타나는 난치병이다. 육식만 완전히 끊어도 완치될 수 있다.

중환자와 난치병 환자가 체질음식표를 보면 '좋아하는 음식은 모두 못 먹게 됐다'고 하는 반면, 건강한 사람에게는 '좋아하는 음식만 먹으라고 했다'는 반응이 나온다. 이 만큼 음식은 체질별로 중요해 병을 일으키기도 하고, 건강을 지켜주기도 한다. 남이 좋다고 떠드는 음식에 현혹되지 말고 자기 체질에 맞는 음식을 먹어야 한다.

포도당주사는 목양체질에 독이 된다. 목양체질의 간 기능이 포도당주사에 의해 더욱 강화되기 때문이다. 반면 금양체질에는 포도당이 보약이 된다. 따라서 포도당이 많이 함유된 채식이 목양체질에는 독이 되는 반면 금양체질에는 보약이 되는 것이다. 목음체질과 수음체질, 수양체질은 포도당주사가 안 좋고, 금음체질과 토양체질, 토음체질은 좋은 편에 속한다.

체질별 호흡과 목욕법
흉식, 복식, 단전호흡과 냉·온욕

호흡에는 가슴으로 하는 흉식호흡과 배로 하는 복식호흡, 단전 호흡이 있다. 단전은 배꼽 아래 한 치 오 푼의 위치를 말하며, 단 전호흡은 숨을 들이마시는 데 이 단전을 향하여 깊이 그리고 천 천히 호흡하므로 건강을 촉진시키는 위력을 발생한다는 복식호흡 법이다.

단전호흡이 좋은 이유는 단전에 우주와 연관되는 신비가 있어 단전호흡으로 대기가 단전에 이르면 거기에서 건강을 촉진시키는 신비의 힘이 발생한다는 것이다.

의학적으로 단전을 향한 깊은 복식호흡은 폐하단이 횡격막을 아래로 깊이 밀어내는 것 때문에 좋은 영향을 끼친다고 할 수 있 다. 즉, 밑에 있는 대장, 소장, 그리고 장간막이 눌려 장간막 속에 차 있던 순환하지 못하는 유휴혈이 그 밀어내는 작용으로 전신을 순환하게 되므로 몸이 더워지고 마음이 안정되면서 건강의 증진 을 느끼게 되는 것이다. 단전호흡은 깊은 복식호흡으로 횡격막을 조종하는 횡격막 운동법이다.

선천적으로 폐를 약하게 타고난 목양체질, 목음체질, 토양체질, 수음체질은 공기를 폐에 채우고 있는 동안 유휴혈의 순환과 함께 약한 폐가 힘을 얻어 장기들의 기능 불균형도 완화되는 일거양득의 효과로 강한 건강력을 발휘하게 된다.

그러나 선천적으로 호흡기를 강하게 타고난 금양체질, 금음체질, 토음체질, 수양체질은 강한 폐가 더욱 강화되어 장기기능 불균형이 심화되는 결과를 초래 건강을 오히려 해치게 된다.

단전호흡은 약폐자를 위하여는 전통 그대로 적절한 호흡법이 될 뿐만 아니라 강폐자에게는 전통과 반대로 호기를 길게 하고 흡기를 짧게 하여 적절한 호흡법이 될 수 있다. 체질에 맞는 단전호흡은 혈색을 좋게 하고 피곤을 없애 주며 정신을 맑게 하고 잠을 잘 자게 해주는 효과가 있다.

사람의 체온은 겉과 속이 조금씩 달라서 속이 겉보다 조금 높은 사람이 있는 반면에 겉이 속보다 높은 사람이 있다. 그로 인해 성격과 행동, 취미의 차이가 나타나고, 다양한 세상살이, 다양한 문화, 다양한 풍습을 만드는 원동력이 된다.

속 체온이 높은 사람은 그가 처해 있는 주변이 막힌 것보다 탁 트여진 것을 좋아하고, 옹색한 것보다는 넉넉한 것을 좋아하며, 한 가지에 붙들리는 것보다는 다양한 관계를 좋아한다.

그러나 겉보다 속 체온이 낮은 사람은 주변이 터져 허전한 것보다는 푹 싸인 아늑한 곳, 거창한 것보다는 손쉬운 것, 너절한 것보다는 정리된 관계를 좋아한다.

속열이 높은 사람은 더운 온욕으로 땀을 흘리면 속열이 땀과 함께 발산하여 병이 낫고, 겉열이 높은 사람은 냉욕으로 겉을 식히고 땀을 막아 속이 더 식지 않도록 하므로 병이 낫는다. 겉열과 속열을 분간하지 못할 때는 체질을 통해 아는 것만이 방법이다.

심장과 폐, 췌장, 간장, 신장 등 오장과 위, 담낭, 소장, 대장, 방광 등 오부의 기능의 강약배열이 서로 다른 8개의 장기구조가 8체질을 만들어낸다. 그중 목양체질, 목음체질, 토양체질, 토음체질은 속열이 높은 부교감신경 긴장체질이고, 수양체질, 수음체질, 금양체질, 금음체질은 겉열이 높은 교감신경 긴장체질이기 때문이다.

그러므로 목양체질, 목음체질, 토양체질, 토음체질은 더운 목욕을 해야 하고, 냉수마찰이나 수영은 피해야 한다. 반면에 수양체질, 수음체질, 금양체질, 금음체질은 냉수샤워, 냉수마찰, 수영 등 냉욕이 좋고, 온욕으로 땀을 내는 것은 금물이나 태양욕이나 운동으로 땀을 많이 흘린 후에도 냉수욕으로 땀을 막아야 한다.

비타민과 체질

체 질 에 맞 지 않 는 비 타 민 은 독 물 로 변 해

비타민은 종류에 따라 어느 것은 평생을 취하여도 좋은 반면 조금만 취해도 좋지 않은 과잉증과 같은 현상이 나타나는 사람이 있다. 비타민은 인체 안에서 생합성되는 것이 아니고, 밖에서 들어와 내장들의 생리기능을 돕는 역할을 하게 된다.

비타민 A는 어간유에서 구할 수 있고 식물에는 없는 것으로, 이것이 결핍되면 야맹증이 생기고, 뼈의 성장에 이상이 오며, 안구건조증, 호흡기 점막 이상, 생식기능 이상 등이 생긴다. 비타민 D도 간유, 어패류, 어류, 난황, 버터 등에 포함되어 있는 항구류병 요소로 부갑상선과도 밀접한 관련이 있다.

이와 같은 비타민 A와 D의 결핍증들은 다 폐기능의 저하로 인한 병들(뼈 성장지연, 호흡기 점막이상, 구루병, 갑상선 이상 등)과 폐의 길항장기인 간 기능의 상승으로 오는 병들(야맹증, 안구건조 등)을 가져와 결과적으로 비타민 A와 D는 그 결핍증 환자들에게 좋은 비타민인 셈이다. 그 이유로 선천적으로 폐기능이 약

하고 간기능이 강한 목양체질과 목음체질에 맞는 비타민이기 때문이다.

　반대로 폐와 대장이 강하고 간과 담이 약한 금양체질이나 금음체질이 비타민A와 D를 취할 때 그들이 강한 폐와 대장은 더욱 강력한 기능을 발휘하여, 길항관계에 있는 약한 간과 담은 더욱 약화되므로 부작용이 나타난다. 일반적으로 그것을 소위 과잉증이라고 말하지만 그 체질들에게는 많이는 고사하고 조금만 비타민A와 D가 들어가도 심한 거부반응이 일어나는 독물로 변할 수밖에 없게 된다.

3부

웰니스의 세계

(Wellness)

웰니스Wellness는 건강과 행복에 대한 새로운 개념이다. 인간은 누구나 건강과 행복을 추구한다. 현대에 있어 건강과 행복은 가장 관심을 갖는 화두의 하나가 되고 있다. 수명연장에 따른 고령화 사회에서 '오래 사는 것만이 진정한 행복인가?'에 대한 질문은 이제 더 이상 낯설지 않다. 건강하게 오래 사는 것이 중요하다는 데는 이론의 여지가 없다. 9988234(99세까지 팔팔하게 살다가 2~3일 아픈 후 죽자) 운동이 설득력을 얻고 있다.

웰니스는 종합적인 건강과 행복의 집합체라 할 수 있다. 신체적인 건강뿐만 아니라 정신적, 정서적, 사회적, 지적 건강을 모두 포괄하는 개념이기 때문이다. 아무리 돈이 많고 신체적으로 건강하고 사회적으로 많은 일을 할지라도 배움의 끈이 짧으면 완전한 행복감을 느낄 수 없다. 반대의 경우도 마찬가지다. 웰니스는 최종적인 목표를 가진 끝이 있는 것이 아니라 최상의 상태를 최고로 추구하는 과정이다. 그러므로 지속적으로 변화하는 것이다. 인생의 길도 고정되지 않고 계속 변화한다. 어떤 상황에서든 긍정적인 마인드는 자신의 삶뿐만 아니라 주변의 삶까지도 변화를 준다. 이런 이유로 웰니스는 우리 인생의 삶 자체라 할 수 있다.

웰니스의 속성을 파악하고 행복을 위한 최고의 상태를 유지하는 노력은 부처의 깨달음이나 노자의 도를 깨우치는 것만큼 중요한 화두가 되고 있다. 개인의 행복만이 아닌 전체의 행복 속에서 개인의 행복을 추구할 수 있고, 아울러 환경과 우주까지도 넘나드는 통섭의 개념을 가지고 있기 때문이다. 현대사회의 양극화 해소와 최근 양산하고 있는 '묻지마 범죄'를 예방하고, 남북통일과 세계평화에 기여할 수 있을 만큼 웰니스 정신의 중요성은 아무리 강조해도 지나치지 않다.

웰니스에 대한 기초적인 지식과 함께 개인의 건강과 행복을 추구하는 새로운 길을 걸어가는 데 작은 힘을 보태려고 한다. 웰니스는 우리들에게 가장 필요한 건강과 행복의 다른 이름이기 때문이다.

웰빙Wellbeing과 웰니스Wellness

웰빙을 뛰어넘어 웰니스 시대로 전환해야

사람은 누구나 건강한 삶을 통해 행복을 추구하려는 욕구를 가지고 있다. 이러한 욕구의 증대는 소득증가에 따른 생활수준의 향상으로 더욱 증가되고 있다.

진정한 건강과 행복이란 무엇인가? 여기에 등장하는 것이 웰니스Wellness이다. 웰니스는 삶의 질을 높이기 위한 일련의 총체적 행위이며 몸과 마음, 정신이 잘 균형을 이루는 상태를 말한다. 웰니스의 주된 개념은 개인의 높은 건강에 대한 잠재능력의 극대화와 삶의 질을 높이는 행위 및 태도와 관계된다. 삶의 질을 높이기 위해서는 신체와 정신적 안녕이 직접적 관련이 되는 주된 개념이다.

웰니스는 1961년 미국 국립 인구통계청의 초대 감독관이었던 던Dunn의 저서 『High Level Wellness』에서 처음 사용되었다. 외국에서는 웰빙Wellbeing과 같은 개념으로 웰니스란 용어를 보편적으로 사용하고 있다. 우리나라에서는 웰니스를 건강관리라는 개념으로 받아들이고 있다.

건강이란 무엇인가? 세계보건기구(WHO)에 따르면 "건강은 단순히 질병이 없거나 허약한 것이 아닌 육체적, 정신적, 사회적으로 안녕한 상태"로 규정짓고 있다. 과거의 육체적 건강에서 정신적인 측면이 많이 강조되고 있다. 과거에는 질병이 없는 상태가 건강이었던 반면, 현대에는 건강이 삶에 있어 가장 중요한 부분인 동시에 삶의 전체를 의미하고 있기 때문이다.

웰니스란 건강의 새로운 개념으로 몸과 마음을 최적의 상태로 만드는 노력으로 신체적 · 정신적 · 정서적 · 사회적 · 지적으로 잘 조화된 완전한 상태를 의미한다. 즉, 웰니스란 인간들이 최적의 건강한 상태를 유지하기 위해 그들의 생활양식에 대한 변화를 돕는 예술이자 과학인 것이다.

신체적인 건강에 국한되는 협의적인 개념이 아니라 건강한 생활의 모든 영역을 포괄하는 광의의 개념이 건강으로 WHO가 규정한 건강의 3요소인 운동, 영양, 휴양을 통합하여 추구해 나가는 것이다.

웰니스는 최종 목적지가 아니라 지속적인 과정이다. 웰니스란 개개인이 최적의 건강을 향하여 성공적으로 도달할 수 있도록 생활양식을 변화하도록 능동적으로 노력하는 과정을 말한다. 즉, 인간들이 최적의 건강한 상태를 향하여 그들의 생활양식을 변화하도록 돕는 학문의 새로운 영역이다.

웰빙과 웰니스는 어떻게 다른가? 웰빙은 개인의 안녕과 건강,

삶의 질 향상, 그리고 지속적인 삶을 추구하는 것으로 풍족함과 건강 등 복지의 개념이 들어 있다. 학문적 활용 면에서 웰빙의 개념은 아직까지 학자 간에 개념적 일치를 보지 못하고 있으며, 연구자마다 웰빙의 차원을 각기 다르게 설명하고 있다. 국내외적으로도 웰빙에 대한 연구는 웰빙을 설명하는 구성요소들, 즉 건강, 생활만족, 행복, 희망, 사기 등의 개념으로 연구되고 있다.

웰빙에 대한 인식은 근대국가의 형성과 함께 인간의 몸에 대한 관심에서 시작하여 20세기 들어 건강에 대한 관심, 삶의 질, 인간욕구의 실현 등으로 표현되었다가 21세기에 들어서는 웰빙이라는 하나의 통합된 추세로 발전되고 있다. 선진국에서는 고령자, 여성, 장애인 등의 복지와 관련된 사회적 웰빙이 중요시되고 있으나 한국에서는 복지와는 무관하게 개인적 웰빙을 추구하기 위한 웰빙상품 마케팅에 집중하고 있다.

웰빙은 나와 가족을 중심으로 한 협의의 건강과 행복 개념이라면 웰니스는 나와 가족뿐만 아니라 사회와 국가, 우주를 통할하는 광의의 개념이라 할 수 있다. 바꿔 말하면 개인의 행복도 나만의 건강과 행복 속에서 찾는 것이 아니고 전체 속에서 진정한 행복을 찾을 수 있다는 것이다. 너무 개인의 행복만을 추구하다 보니까 환경문제라든지 빈부격차 문제로 인한 범죄율 증가 등이 발생해 부메랑으로 돌아오기 때문이다.

웰니스는 인간이 가능한 한 최적상태가 되기 위하여 매일 노력하는 수행능력이 필요하고, 정기적인 운동, 적절한 영양과 최적의 신체 구성도를 유지하고, 개인적인 필요에 따라 자각과 긍정적인 방법으로 이들 필요량을 충족하려는 노력과 총체적으로 건강한 행동을 수반하는 것을 의미한다.

웰빙은 건강하기 위해 유기농 음식을 먹고, 일주일 3일 이상 운동해야 하고, 건강에 해로운 기호식품들을 섭취하지 못하게 한다. 이에 반해 웰니스는 자기가 좋아하는 것을 함으로써 건강도 지키고 삶의 질도 높여 나가는 것으로 웰니스가 한 차원 높은 단계라 할 수 있다. 웰니스는 정해진 것이 아니라 최상의 상태를 향해 지속적으로 추구해가는 과정이다.

웰니스Wellness 건강

전체적인 상태 만족과 예방 중요

전통적인 관점에서 건강함은 질병으로부터 자유로워지는 것으로 해석하였다. 즉, 아프지 않으면 건강한 상태로 간주되었다. 질병이 없다는 것은 건강한 상태의 일부분이라고 할 수 있으나, 육체적으로나 정신적으로 최고의 수준에 이른다는 것을 의미하지는 않는다.

연구결과에 따르면 인간이 사망에 이르게 하는 중대한 요소로는 생활양식의 선택으로 인한 요소가 53%로 가장 많은 부분을 차지하고, 환경적인 요소 21%, 유전적인 요소 16%, 건강관리 체계로 인한 요소가 10%로 나타났다. 즉, 술이나 담배, 마약 등 잘못된 생활양식의 선택으로 인한 요소가 절반을 더 넘고 있다.

웰니스적인 건강함은 단순히 질병으로부터 해방에 지나지 않고, 최적의 상태를 유지하기 위한 예방적인 접근으로 육체적, 정신적, 사회적, 정서적, 지적으로 최고의 상태를 찾아가는 과정이라 할 수 있다.

육체적인 측면은 한 사람이 어떻게 건강하고 튼튼한 심장 혈관을 유지하고, 일찌감치 질병을 감지하여 예방하는 데 도움을 주는 행동들을 말한다. 또한 음식을 선택하는 데 있어 영양분이 많고 균형 있는 음식을 선택한다. 운동, 영양 섭취, 안전은 질병으로부터 자유롭게 해줄 뿐만 아니라 활력 있고, 원기 왕성한 열정을 갖게끔 해준다.

정신적인 측면은 인생의 의미와 의의에 대한 끊임없는 연구를 하는 것이다. 인생에 대한 심오함과 광대함과 우주에 존재하는 자연의 힘에 대해 진심 어린 감사의 마음들이 포함된 범위이다.

사회적인 측면은 친구 사귀기, 의미 있는 관계 맺기 등 여러 사람과의 상호 의존성에 대해 측정한다. 굳건한 공동사회, 다른 사람과의 행복, 즐거움, 그리고 지속적인 관계들은 강력한 결과물을 창조한다.

정서적인 측면은 개인에 대한 감정에 대해 얼마만큼 자각하고 있는지에 대해 관계한다. 이 측면에서는 개인이 긍정적으로 생각하는 정도와 자신과 인생에 대한 열정들을 포함하고 있다. 한 개인이 자신의 감정을 올바르게 통제할 수 있는 능력과 감정을 통제할 수 있는 실질적인 한계점을 평가하고 스트레스를 통제하는 능력과 관련된 행동을 측정한다.

지적 측면은 창의력 활동처럼 정신적인 활동들을 측정한다. 지능적인 사람은 유효한 자원을 사용하여 기술을 개선함과 동시에 가능한 다른 사람들과 공유하기 위해 자신들의 지식을 넓힌다. 이를 통해 보다 낳은 실적, 보다 낳은 문제 해결력, 깊은 학식, 또한 성공 기회가 많다는 이점들이 있다.

전통적인 건강관리에 대한 접근방법은 문제점을 확인하고 수정하는 것을 목표로 정기적인 신체검사를 받는 것으로 만족하였다. 웰니스 건강에서는 당신의 삶의 질은 당신 책임이므로 위험 요소들을 사전에 줄여 나가는 것이다. 즉, 정보, 교육, 생활양식의 변화로 전체적인 상태만족과 예방에 중점을 두고 있다.

웰니스의 5대 영역

신체적 · 정신적 · 사회적 · 정서적 · 지적 웰니스

    삶의 질 향상을 위한 웰니스 시스템은 신체적 · 사회적 · 정신적 · 정서적 · 지적의 5가지 영역으로 구분하여 설명할 수 있다. 웰니스의 삶은 이 다섯 가지 영역이 최상의 상태로 이뤄진 '완전한 상태'의 온전한 삶이라 할 수 있다. 웰니스의 5대 영역에 대한 의미와 특성을 구체적으로 살펴본다.

    신체적 웰니스는 일과 업무를 수행할 수 있는 몸의 기능적 능력을 의미한다. 신체적 건강은 인체의 생리적인 상태를 가리키며, 심혈관을 적절히 조절하고, 적당한 영양상태와 신체 지방량의 적정상태를 유지하며 약물과 알코올이나 담배제품의 사용을 자제하는 것이다. 이를 위해 잘 먹고, 운동하고, 해로운 습관을 피하고, 성에 대해 책임감 있는 결정을 하고, 질병의 증상을 인식하고 배우며, 정기적인 건강검진과 치과검진을 실시하며, 집에서나 도로에서나 직장에서 입을 수 있는 부상을 예방하는 것이다.

    정신적 웰니스는 인간을 결속시키는 어떠한 힘에 대한 믿음을

의미한다. 이러한 힘은 자연, 과학, 종교나 더욱 고귀한 것을 포함한다. 모든 사람들은 개인적인 정신적 인지능력을 가지고 있다. 정신적 요소는 삶의 방향과 의미를 제공해주며, 성장하고 배우고, 새로운 도전을 할 수 있도록 해준다. 최적의 정신은 삶의 기본적인 목적을 발견하고 분명하게 해주어서 행동할 수 있도록 하는 능력을 의미한다. 삶의 목적의식, 사랑을 주고받는 능력, 그리고 타인들에 대한 자비와 호의를 갖는 감정 등을 지닌 정신적인 상태를 의미한다. 이를 위해 삶의 의미와 목적을 제공해주는 믿음과 원리, 가치 소유, 사랑과 동정, 용서, 이타주의, 기쁨, 충만함을 높이는 능력 등을 키워 나가는 것이다.

사회적 웰니스는 가족, 친구, 동료, 이웃 등 사람들과 주위환경이 성공적으로 상호작용 할 수 있는 능력을 의미한다. 사회적인 건강은 다른 사람과 친밀함을 유지하고 발전시키는 능력이며, 다른 견해와 믿음을 가진 사람을 존중하고 관용을 가질 수 있는 능력을 의미한다. 사회적인 규범은 생활양식에 막대한 영향을 주며, 사회적인 지지는 질병의 회복과 재활을 용이하게 하고, 신체적·정서적 건강에 영향을 주고 스트레스를 감소시키고 질병과 사망률을 감소시키는 데 있어 매우 중요한 요소이다. 이를 위해 훌륭한 소통기술을 배우고, 친밀감을 개발시키며, 친구나 가족 구성원들과 어울리는 네트워크를 함양시키며, 개인의 공동체와 나라, 세계에 참여하고 공헌할 수 있는 능력을 키워나가는 것이다.

정서적 웰니스는 인간이 삶을 영위하는 감정상태를 의미하며, 스트레스를 조절하고, 감정을 적절하고 편안하게 표현할 수 있는 능력을 말한다. 외부의 환경과 조건을 인지하고 받아들이는 능력이며, 실패와 좌절에 무너지지 않는 능력이며, 개인의 삶에 대하여 열정적이며 긍정적 느낌의 정도를 포함하고 있다. 이를 위해 낙천주의, 신뢰, 자존감, 자기수용, 자신감, 자기통제, 관계만족, 감정을 나누는 능력을 함양하는 것이다.

지적 웰니스는 개인, 가족과 직업적 발전을 위하여 정보를 효과적으로 배우고 사용할 수 있는 능력을 의미한다. 즉, 습득된 지식을 다른 사람과 나누는 것을 포함하며, 창조적이고 자극적인 정신적 활동이고, 개인이 지속적으로 발전을 추구하며 효과적으로 새로운 도전을 하는 것을 익혀가는 것을 의미한다.

지적건강은 직장, 학교, 지역사회 봉사, 취미 또는 교양탐구 등을 통해서 얻어지는 삶의 성취와 관련이 있으며, 교육과 건강한 생활습관, 실직과 질병, 사회경제적 상태와 의료이용, 자존심, 자신감과 건강실천 사이의 관계를 통해서 총체적으로 건강에 영향을 미친다. 이를 위해 새로운 사상에 대한 수용능력을 키우고, 비평적 사고와 문제에 대한 수용능력, 새로운 기술을 습득하는 능력, 유머감, 창조성과 호기심, 배움에 대한 지속적인 관심과 새로운 경험과 도전 추구 등을 함양해 나가는 것이다.

웰니스 생활을 통해 얻을 수 있는 주요 혜택은 풍부한 삶의 질

(삶의 질 향상), 수명연장(건강한 노년생활), 건강한 마음과 육체, 정신 함양, 자존감과 자신감 증대, 고차원 수준의 삶의 열정 창조, 유머 있는 생활(재미와 놀이 충족), 긍정적인 태도, 주요 질병에 대한 최소한의 부담, 감염에 대한 면역체계 활성화, 자기 억제력 증진과 타인 의존 최소화, 환경에 대한 감각 증진, 인생의 역할(학생이나 고용인, 고용주 등)에 더 큰 기쁨, 인생의 잠재 성취력 증진, 인생의 순간의 경험들을 즐기는 능력 개발 등이다.

웰니스의 가장 큰 혜택은 사람들이 인생의 가능성을 보고 개인적으로 성취해야 할 가장 중요한 것 한 가지에 열중하는 태도를 갖게 하는 것이다.

여가생활
건 강 · 행 복 을 위 한 필 수 요 소

현대생활 중에 발생하는 여가 및 관광 활동은 삶의 질적 향상은 물론 자기계발, 자아실현 및 행복추구, 건강의 유지 및 증진에 효과적으로 부응하는 역할을 담당하고 있다. 개인생활 수준이나 복지 수준을 나타내는 상징적인 지표로서 여가활동이 사용되고 있으며, 여가를 통해 개인은 장·단기적으로 다양한 긍정적인 성과를 얻을 수 있지만 가장 긍정적인 성과는 여가활동이 개인의 정신건강과 행복감에 기여한다.

최근 들어 직접 체험하고 환경을 고려하는 친환경 여가활동이 늘어나고 단체여행에서 질 높은 개별여행이 점차 인기를 끌고 있다. 제주 올레길 걷기나 산사체험, 동남아 골프 관광 등은 이미 대표적인 여가활동이 되고 있다. 2008년 미국발 금융파산으로 인한 전 세계 경기침체와 지난해 신종인플루엔자 등의 악재로 외국여행이 급감했던 것이 한꺼번에 회복되는 느낌이다. 동남아 지역 항공권은 이미 매진됐고, 요금도 비수기의 갑절이나 올랐다.

특히 지난해 말부터 오랜만의 폭설과 강추위는 따뜻한 지방으로의 여행을 부채질하고 있다.

겨울철 여행지는 동남아지역이 대표적이다. 우리나라와 지리적으로 가까운 데다 따뜻하고 다른 지역에 비해 원화가치가 대접을 받을 수 있기 때문이다. 골프를 좋아하는 사람들은 으레 한두 번 다녀오는 코스가 태국과 필리핀, 해남도 등 중국 남부지방, 말레이시아 등이다. 한국은 꽁꽁 언 겨울인데도 동남아는 푸른 잔디와 열대의 이국적인 풍경, 값싸고 풍부한 씨푸드, 싱싱한 열대과일 등은 추위에 움츠러들었던 몸을 한꺼번에 천국의 세계로 이끌어준다.

몸과 마음이 현지인의 천진난만한 미소를 만나면서 최적의 상태로 탈바꿈된다. 추위를 피해 가는 실버계층에서부터 겨울철 동계훈련을 하는 골프선수들, 영어연수생 및 일반 여행자 등 동남아는 한국인들로 북적거린다. 바다에서 열대어와 함께 수영을 즐기거나 파란 하늘을 배경으로 굿 샷을 날리는 것은 겨울철 한국에서는 상상하기도 힘든 얘기이다.

현대 사회에서 여가는 일종의 라이프스타일이며 생활의 질을 규정하는 요소로 정착되고 있다. 이에 따라 여가의 가치와 역할도 여가활동 참여자의 만족감은 물론 건강과 행복에 대한 측면이 높아지고 있다. 여가활동의 중요성은 다양한 여가활동을 통해 신체적·정신적 긴장과 피로를 풀어주고 취미생활을 통해 즐거움을 준다.

또 생활에 활력소가 되어 학습이나 일의 능률을 향상시켜 주고 자기계발로 자아실현을 성취할 수 있는 기회를 얻을 수 있으며 발전적인 생각과 행동을 이끌어주는 긍정적인 효과가 있다.

여가활동의 중요성은 개인의 건강과 행복 추구뿐만 아니라 기업의 생존전략에도 영향을 미칠 정도로 중요한 요소가 되고 있다. 물질만능의 산업사회에서 후기산업사회로 이동함에 따라 물질보다는 행복한 삶을 추구하는 경향을 보이고 있다. 우리나라에서도 국민소득 향상과 라이프스타일의 변화로 국민들은 어느 때보다도 삶의 질을 추구하는 경향이 뚜렷하다. 삶의 질을 결정하는 요소는 가족관계, 건강, 수입 등이 중요한 변수로 작용하나 이와는 상관없이 인간 누구나가 자유스럽게 자신이 좋아하는 활동들을 하고 싶어 한다.

여가시간을 이용하여 자기계발에 눈을 돌리고 있는 경향이 나이에 관계없이 일어나고 있다. 기업도 임직원에게 어떤 여가문화를 제공해야 하는가에 더욱 관심을 기울이고 있다. 또 기업은 소비자의 수요변화에 대응해 성장이 전망되는 분야를 선점해야 하기 때문에 레저, 스포츠, 문화, 유통 등에서 새롭게 부상하는 분야를 선정하기 위한 경쟁이 치열하다.

여가활동과 웰니스Wellness 연구
삶의 질을 높여 나가는 지름길

여가활동은 인간이 살아가는 데 필수적인 요소가 되고 있다. 여가활동에 대한 중요도 인식과 웰빙, 웰니스에 대한 연구를 한 적이 있다. 사람은 누구나 건강한 삶을 통해 행복을 추구하려는 욕구를 갖고 있고, 이러한 욕구는 소득증가에 따른 생활수준의 향상으로 더욱 증가되고 있다.

삶의 질에 가장 중요한 요인은 건강이며, 건강이란 용어의 의미는 삶의 질에 기여하는 최상의 안녕된 상태, 즉 총체적 건강상태를 의미한다. 최상의 건강상태를 유지하려면 생활습관, 규칙적인 운동, 여가생활 등과 밀접한 관련이 있다. 오타와헌장WHO에서는 건강증진을 사람들로 하여금 자신의 건강에 대한 통제를 증가시키고 개선하게 하는 과정이라고 정의한 후 지속적으로 건강증진 관련 국제회의를 통해 건강증진의 개념 및 역할을 상세히 규정하여 왔다.

산업의 고도화는 인간에게 물질적 풍요를 가져다준 반면, 정신적 여유와 안정을 빼앗아 갔다. 이는 사회 구성원들이 물질적 가치와 부를 중요하게 생각하고, 심지어 다른 사람에게 강요하는 구조적인 성격을 가지고 있기 때문이다. 이러한 사회의 구조적인 열악한 환경 속에서도 또한 의학의 발달은 꾸준히 인간의 평균수명을 연장시키고, 건강한 삶의 질은 향상되고 있다.

이와 반대로 연장된 인간수명과 인간의 건강한 삶을 방해하는 심각한 환경오염, 각종 성인병 등 급속한 산업화와 경제적 성장이 가져온 부정적인 측면들이 부각되고 있다. 이제는 단순히 오래 사는 문제가 아니라 늘어난 인간의 수명만큼의 기간 동안을 어떻게 인간의 존엄성을 지키며 건강하게 살아가느냐 하는가의 정신적인 중요도 인지가 많은 관심의 대상이 되고 있다.

이러한 관심의 대상 중에서 웰빙은 건강과 가족, 나 자신을 중시하는 현대인들의 기본욕구인데, 너무 자신만의 건강과 행복을 추구하다 보면 희생과 인내를 감수해야 하고, 다른 사람에게 피해를 줄 수 있다는 문제가 제기된다.

따라서 개인의 진정한 행복을 위해서는 웰빙 시대를 뛰어넘어 웰니스 시대로 옮겨가야 하는 운동이 활발히 전개되고 있다. 웰빙의 부정적인 측면을 없애고 더불어 사는 삶의 질을 강조하는 웰니스는 어떻게 사람이 건강하고 행복하며 번영하게 삶을 사는가 하는 문제뿐만 아니라 모든 일상적인 일들을 어떻게 효과적으로 처리하는가 하는 능력까지도 포함하고 있기 때문이다.

즉, 웰니스는 기존의 건강개념에서 자기책임과 자기성취 및 자신의 삶의 질의 향상을 위한 노력까지 건강의 개념에 포함시킨 실천적 의미의 총체적 건강을 일컫는다고 할 수 있다.

웰니스란 건강과 관련된 개인적인 삶을 중요시하는 새로운 개념으로 몸과 마음을 최적화하는 것으로 삶의 질, 안녕, 복지, 생활수준, 만족도, 행복감, 최적의 건강상태와 유사하게 사용하고 있으며, 학자들마다 연구하는 관점, 목적, 방법에 따라 다르게 접근되지만 최적의 건강에 대한 관심을 반영한다는 공통점을 지니고 있다.

웰니스의 철학은 개개인의 삶에 있어서 최고의 건강상태를 유지하기 위하여 생활양식과 행동변화를 통하여 개인의 잠재능력을 극대화시키는 데 주안점을 두고 있다. 일반적으로 삶의 질에 영향을 주는 인자들 중 개인적인 생활양식은 53%, 가족이나 친구, 공동체 관계 등 환경적 요인은 21%, 의사와 의료기관은 10%가 영향을 받는다는 연구결과가 있다. 특히 건강에 영향을 주는 인자는 개인이 조절할 있는 범주 84%이며, 유전적인 환경은 16%가 개인이 조절할 수 없는 범주에 속한다고 하였다.

여가활동에 따른 웰빙과 웰니스에 대한 논의와 검증이 이루어져야 할 필요성에도 불구하고 웰빙과 웰니스 산업이 21세기 대표적인 사업으로 부상하고 있다는 것은 많은 학자나 연구를 통해 잘 알려져 왔다. 이런 관점에서 여가활동 중요도 인식이 일반인들이 추구하는 다양한 웰빙태도에 어떻게 영향을 미치며, 어떠한 웰빙지향행동과 웰니스지향행동 속성으로 나타나게 되는지를 구체적으로 파악해보는 것이 상당히 의미 있는 과제가 될 것으로 생각해 연구를 진행하였다.

결과적으로 여가활동의 중요도 인식요인인 여가시간을 통해 양질의 시간을 보내고, 언제·어디서나 여가시간을 즐기며, 여가활동을 통해 정서적으로 안정됨 등의 변수가 웰빙 태도 변수인 건강의 가치를 중요시하고 편안한 마음과 긍정적 사고방식, 취미나 여가활동을 즐김 등의 변수에 긍정적 영향을 미치는 것으로 나타났다.

또 여가활동의 중요도 인식은 차별적인 생활방식을 추구하고 유행에 앞서가는 삶을 살며 명상이나 참선 등으로 정신적인 깨달음을 얻는 웰빙지향행동 요인변수에 영향을 미치는 것으로 조사됐다.

여가활동 중요도 인식은 웰니스지향행동인 신체적·사회적·정서적·지적·정신적인 웰니스에 긍정적 영향을 미치며, 웰빙 태도는 웰빙지향행동에 긍정적 영향을 미치는 것으로 나타났다.

또 웰빙태도는 웰니스 지향행동인 신체적·사회적·정서적·지적·정신적 웰니스에 긍정적 영향을 미쳐 웰빙 태도를 가진 사람은 아울러 웰니스 지향행동을 하게 된다는 것을 알 수 있다. 전체적으로 볼 때 여가활동 중요도 인식이 웰빙 태도에 미치는 영향이 가장 높게 나타났고, 다음으로 웰빙 태도가 웰니스 지향행동에 미치는 영향, 여가활동 중요도 인식이 웰니스지향행동과 웰빙지향행동에 미치는 영향, 웰빙지향행동이 웰니스지향행동에 미치는 순으로 영향력이 높은 것으로 나타났다.

이에 따라 여가활동 참가자들이 단순히 일상탈출과 스트레스 해소만을 위해 여가활동에 참가하는 것이 아니라 보다 나은 삶, 즉 삶의 질에 중점을 두고 여가활동에 참가하는 것을 알 수 있다. 이런 이유로 단순히 즐기기 위한 여가활동 프로그램이 아니라 무언가 사회적 · 정신적 · 지적 · 신체적 · 정서적으로 도움을 줄 수 있는 프로그램을 마련해야 할 것으로 지적되었다. 특히 웰니스지향행동 요인은 신체적 · 사회적 · 정서적 · 지적 · 정신적 요인으로 구분할 수 있는데, 여가활동 기업을 효과적으로 운영할 수 있는 새로운 아이템을 개발할 수 있는 단서를 제공하고 있다. 따라서 여가활동 관리 및 프로그램의 구성, 기업의 분위기, 판매전략 수립 시에 여가활동에 참가하는 참가자, 기업운영 관계자, 전문가 집단의 견해를 종합한 전략방안의 수립과 다양한 고객의 욕구를 수용할 수 있는 고객 포지셔닝 전략수립의 필요성이 있음을 시사하고 있다.

결론적으로 여가활동 프로그램에 참가하는 참가자들은 웰빙에 대한 태도, 웰빙지향행동, 웰니스지향행동이 있으므로 여가활동 기업은 웰니스 이미지 창출을 위해서는 고객의 욕구분석을 위한 다양한 노력이 필요함을 나타내고 있다고 할 수 있다.

4부

지
혜
로
운

삶

삶을 젊고 풍부하게

삶을 젊고 풍부하게 살기 위해서는 무엇이 필요할까. 인간 본성을 깨우치고 상대를 알고 나를 알고 우주전체를 알아도 홀로 남겨졌을 때의 외로움이나 두려움, 우울함 등은 자신을 파괴하게 된다. 배신을 당하거나 사기를 당했을 때, 아무리 노력해도 현재의 어려움에서 벗어나지 못하고 희망이 안 보일 때, 인간은 절망하고 자칫 스스로 생을 버리는 자살할 수 있는 동물이다. 수년간의 수련이나 노력에도 불구하고 한순간의 생각에 따라 삶과 죽음을 갈라놓는다. '남들은 잘살고 모두 행복하게 보이는데 나는 왜 이 모양인가?' 하며 절망하게 된다.

선인들의 가르침은 만사에 일희일비하지 말라는 것이다. 항상 좋은 삶만 있을 수도 없고 나쁜 삶만 있을 수도 없다. 만물은 모두 파동의 원리에 따라 반복되는 것일 뿐 고정불변의 인생은 없다는 것이다. 어떤 상황에서나 긍정적인 마인드로 오늘을 살아가라는 가르침은 자신을 지키는 첩경이라 할 수 있다.

어떤 삶이나 있는 그대로 받아들이고 감사하는 마음을 가질 수 있어야 한다고 가르친다. 오체불만족의 삶이나 빛을 잃은 삶에서도 건강함이 묻어나곤 한다. 수많은 나라와 인종, 문화와 풍습이 서로 다르지만 있는 그대로 인정하고 받아들이는 문화상대주의도 결국 자신을 위한 것이다.

남에게 피해를 주지 않는 선에서 자유인이 되어 삶을 풍부하게 살 수 있어야 한다. 옳고 그름도 없고, 진리와 진실도 변하는 세상에서 타인에게 조금이라도 도움이 될 수 있는 삶을 살 수 있으면 그것이 바로 선이요, 참된 삶이라 할 수 있다. 여기에 삶의 편린들을 모아 더불어 살아가는 지혜로운 삶을 갈구해본다. '나' 자신을 발견하고 지혜의 삶을 사는 데 도움이 되기를 바란다.

잠수종(복)과 나비
행복한 삶을 위한 건강 지키기

프랑스의 장 도미니크 보비가 사지마비 상태로 왼쪽 눈 깜박이만으로 만들어낸 책으로 삶의 소중함과 건강의 중요성을 되새기게 만드는 책이다. 영화로도 만들어져 전 세계 사람들의 심금을 울리기도 했다. 한창 잘 나가던 프랑스 유명 잡지 엘르지의 편집장이었던 본인이 사십대 중반 어느 날 갑자기 뇌졸중을 일으켜 코 아래 부분이 모두 마비되는 상태로 전락한다. 오른쪽 눈도 시력을 잃어 꿰맨 상태로 왼쪽 눈을 알파벳에 따라 깜박여가며 책을 만들어냈다. 한계상황에서 인간이 해낼 수 있는 긍정적인 면과 우리도 언젠가는 같은 상황에 처할 수 있다는 경각심을 깨우쳐주고 있다. 본인이 힘으로는 아무것도 할 수 없는 상황에서 외부와의 의사소통은 왼쪽 눈을 깜박이는 것밖에 할 수 없는 상황에서 당신은 무엇을 하겠는가라는 물음을 던져주고 있다.

의학전문기자로 명성을 날렸던 홍혜걸 씨의 말을 빌리자면 한국인의 사망원인은 암, 뇌졸중, 심장병, 자살, 당뇨의 순으로 나타난다고 한다. 암으로 죽는 숫자와 심장질환 숫자로 죽는 수가 비슷한데 뇌졸중(중풍)이나 심장병(협심증, 심근경색증) 환자들은 아무도 모르는 골방에서 오랫동안 인간다운 삶을 잃은 채 고생하다 돌아간다는 것이다. 암보다 심장질환이 더 위험하다는 것을 경고하고 있다. 뇌경색은 혈관이 막히는 것이고, 뇌출혈은 혈관이 터지는 현상이다. 질병의 개수는 8천 개 정도인데 제일 흔한 것은 치주염(잇몸질환)으로 성인 열 명 가운데 일곱 명이 이 질환에 걸린다고 한다. 제일 무서운 병은 췌장암으로 3.6%만 살아남을 정도로 치사율이 높은 병이다. 이것보다 더 무서운 병은 미친개에 물리는 광견병으로 아직까지 100% 사망률을 나타낸다고 한다.

그러나 가장 고통스러운 병은 중풍과 심장병의 심혈관질환으로 예고 없이 찾아오는 잔인하고 두려운 병이다. 의식이 있고 오감작용이 있으나 아무것도 할 수 없는 상황이 된 것이다. 말은 못하지만 얘기는 다 듣고 있다. 대소변보다 더 무서운 욕창을 방지하기 위해 수시로 환자를 뒤척여주어야 한다. 우리나라에서도 탤런트 여○○ 씨는 2002년 콩팥에 암전이가 되었으나 7년을 더 살았다. 일반사람과 같이 활동하면서 죽음을 준비할 수 있었던 것이다. 그러나 2004년 중풍으로 쓰러진 탤런트 김씨는 사지마비로 5년 동안 비참하게 살다 최후를 맞이했다고 한다.

홍 씨는 심혈관질환은 하루아침에 생기기 않는다고 한다. 혈압은 무조건 낮아야 좋고 저혈압은 축복으로 보통 혈압보다 5년 더

산다고 한다. 고혈압은 잘 막히고 잘 터지며 혈전이 돌아다니다
가 막혀 문제를 일으키게 된다. 혈압은 120~80(수축, 이완 혈압)
밑으로 낮춰야 한다고 한다.

혈당도 낮은 것이 좋은데 높아지면 당뇨가 생기고 합병증을 유
발하게 되는 원인이 된다. 공복혈당치는 100 이하가 되어야 한
다. 맥박은 느릴수록 좋은데 1분에 65회 미만으로 뛰어야 한다.

거북이가 오래 사는 동물인데 심장이 1분에 2번밖에 뛰지 않아
200년을 넘게 산다. 콜레스테롤은 60 이상이 되어야 한다. 건강
을 유지하기 위해서는 혈관을 맑고 깨끗하게 유지해야 한다.

비법은 장시간 저강도 운동을 해야 한다. 최소 30분 이상 하체
위주 운동을 해야 한다. 허벅지 근육은 소각로와 에너지 저장창
고 역할을 한다. 건강유지를 위해 영양제를 섭취하는 것을 권한
다. 종합비타민제와 칼슘제, 오메가3를 매일 섭취하도록 하는 것
을 권한다. '인생에서 성공하려면 당장 시급하지 않지만 오늘 중
요한 일에 몰두하라'는 스티븐 코비의 말을 되새기도록 한다.

유머와 삶
생활의 활력소를 만들자

어떤 모임에서나 유머를 잘해 시선을 집중시키는 사람들이 있다. 이에 반해 항상 격조 있는 얘기만으로 분위기를 썰렁하게 하는 경우도 있다. 인간개발연구원의 지중해 여행 테마를 목적으로 만들어진 지중해 클럽의 회장을 맡고 있는 박○○ 영화감독의 아버지의 유머도 시선을 끈다. 우선 건배사를 보면 '건배' 하면 '당나귀, 당나귀, 당나~귀' 하는 것이다. 당나귀의 의미는 처음에는 '당신은 나의 귀한 존재'에서 진화해 '당신과 나의 귀한 만남'이란 의미란다. 이와 비슷한 건배사로 '해당화'가 있다. '해가 갈수록 당당하고 화려하게'란 의미이다.

성인사회의 유머는 주로 성과 연관된 것이 많다. 부부싸움에서 화해를 한 부부가 잠자리에 들었는데 아직은 부인이 화가 제대로 풀리지 않은 상태에서 남편이 팔을 뻗어 안으려 하자 밀쳐 내고, 다리도 밀쳐 내고 하는 사이에 부인의 손이 남편의 거시기에 닿자 "네가 무슨 죄냐"며 꼭 잡았다는 얘기로 배꼽을 쥐게 만들었다. 요즘 이혼사유로 성격차이가 1위를 차지하고 있는데 '성격차이는 성기의 규격이 달라 이혼사유가 된다'는 얘기와 2위 이혼사유인 '아내의 내조가 부족하다'는 것은 '안에서 조이는 힘이 부족하다'는 직설적인 표현도 박장대소하게 만들었다.

또 요즘 세태에 비유해 타이거 우즈의 바람을 떠올리며 '애인 없이 부인만 있는 남자는 한심한 놈', '부인과 애인 하나씩 있는 놈은 양심 있는 놈', '부인과 애인 둘이 있는 놈은 세심한 놈', '부인과 애인 셋이 있는 놈은 사심이 있는 놈' 그러면서 문제로 "애인이 열이 있는 경우는 무엇이게?" 하면 대답은 "열심히 사는 놈" 해서 좌중을 웃기게 만든다. 또 바보 시리즈에서 어떤 바보의 부인이 처녀인지 아닌지 말다툼을 하는 과정에서 "이장님이 처녀라고 했다"라고 하자 바보가 "이장님이 처녀라면 처녀가 맞다"고 넘어갔다는 얘기는 썰렁하면서도 생각하게 만드는 얘기다.

유머는 세태를 반영하게 된다. 입시철이라 우유와 자녀교육에서 나온 얘기도 웃어넘기면서도 뭔가 생각하게 만든다. 유치원에 들어간 자녀가 너무 똑똑해 천재가 나왔다고 주변에서 얘기하자 부모는 아인슈타인 우유를 먹였는데, 초등학교 들어갈 무렵이 되니까 수재 정도로 낮아져 서울대에 들어가도록 서울우유를 먹였다. 중학교 들어갈 무렵에는 한 단계 더 낮춰 연세대 정도 들어가도록 연세우유를 먹였고, 고등학교 무렵에는 서울에 있는 아무 대학에 들어가도록 건대우유를 먹였다. 고등학교 졸업 무렵에

는 성적이 제대로 안 나와 아무 대학이라도 들어가도록 매일우유
를 먹이고 있다는 얘기다. 한쪽에서는 너무 심한 얘기가 아니냐
는 얘기도 있었지만 여기저기서 우리도 매일우유를 먹이고 있다
는 얘기가 많이 나와 자식교육의 어려움을 토로했다.

유대인의 교육법
혼자 공부보다는 토론식으로 논리 키워

　　KBS에서 일요일 8시 특집 프로그램으로 '유대인이 어떻게 미국사회를 움직이는가?'에 대해 2주 연속 방영한 적이 있다. 유대인은 예수를 죽인 죄로 2천 년간 나라 없이 떠돌다가 1948년 팔레스타인 지역에 나라를 세워 현재 미국의 주류사회를 움직이는 중추세력으로 자리 잡고 있다. 1967년 6일 중동전쟁을 승리로 이끌었고, 그 후 계속되는 전쟁에서 항상 승리를 거두며 당당히 세력을 확장해 나가고 있다. 인구 1천 2백만 명으로 전 세계 인구의 0.3%밖에 안 되는 이들이 미국 하버드대의 30%, 예일대의 27%를 비롯하여, 수많은 노벨상을 차지할 수 있는 힘은 무엇인가?

　　우선 창의적인 발상으로 감성을 읽을 수 있는 혜안이 있다는 것이다. 또 서로 돕는 공동체 정신이 유대인의 막강 파워가 되고 있다. 1879년 최초의 청바지를 만들어낸 리바이스 스트라우스는 당시 금광에서 일하는 이들을 위해 청바지를 만들어 히트를 치게 된다. 유대인들은 항상 쫓겨 다니면서 쫓겨나도 휴대할 수 있는

다이아몬드와 금 등의 재화와 신문, 방송, 영화, 정보 등 두뇌산업에 두각을 나타나게 된다. 뉴욕타임스를 비롯하여 워싱턴포스트, NBC, CBS, ABC, MGM, Fox, Paramount 등을 소유하고, 아인슈타인, 스필버그, 조지소로스 등 각 분야에서 1위를 차지하는 사람이 많아 어느 분야로 가도 최고 정점에는 유대인들이 포진하는 형국을 하고 있다.

지금도 미국에서 이스라엘을 위한 모임인 미국·이스라엘 공공정책위원회(AIPAC)에는 미국의 유명 정치인들이 나와 이스라엘을 공식적으로 지지하고 협조를 약속한다. 4일간 계속되는 이 모임은 해마다 1만여 명이 넘게 모여 1억 5천여만 달러를 모금하며, 미국 최강로비단체로 인식되고 있다. 미국의회는 이 모임을 위해 쉬게 되고, 전 세계 60여국 대사가 초청되고, 미국의회에서는 유대인의 지지를 받으면 의회에서의 선출직 당선은 기정사실로 불문율이 될 만큼 조직력이 대단한 것으로 정평이 나 있다. 즉, AIPAC 선거지원으로 낙선과 당선이 판가름나게 된다. 반 유대인으로 낙인찍히면 아무리 영향력 있는 인물이라도 낙선하게 만든다.

2013년 3월 4일부터 미국 워싱턴DC 워싱턴컨벤션센터에서 열린 AIPAC 연례총회에도 미국 상원의원 100명 가운데 68명, 하원의원 435명 가운데 320명이 참석, 위용을 과시했다. '롤콜(roll call)'이라는 의원들의 의정활동을 분석해 이스라엘·유대계에 우호적인 활동을 벌인 의원들 200명을 성적순으로 발표하기도 한다. 미국 정치인들이 여기에 목을 매는 이유는 이름이 불리면 유대인들이 앞장서 선거운동을 하고 자금을 지원해주기 때문이다. 정치인들은 유대인들의 눈치를 보고 유대인들은 미국의 정책을 바꾸는 힘을 갖게 되는 것이다.

유대인은 미국사회에서 권력과 영향력의 상징이 되고 있다. 당에 관계없이 조정능력이 탁월하다. 존 메이샤이머 시카고대학교 교수는 『이스라엘 로비』The Israel Lobby라는 책에서 2003년 이라크 전쟁도 유대인 로비에 의해 발생했다고 주장한다. 이런 힘은 미국발전 역사에 소수 유대인의 힘이 가장 많이 반영된 데 따른 결과이다. 이들의 성공요인은 공동체 결속으로 서로 도우는 역할이 강한 데서 유대인 파워가 형성된다. 어떻게 대답하는 것이 중요한 것이 아니라 어떻게 질문을 할 것인가를 더 중요시하는 교육방식이다. 질문을 통해 잘못된 점을 분명히 밝힐 수 있는 능력을 갖게 된다.

유대인들도 우리 한국인들처럼 밥상머리 교육을 중요시한다. 최소 일주일에 한 번은 모든 식구들이 모여 앉아 대화를 통해 교육이 이뤄진다. 질문에는 대상의 한계가 없다. 모든 문제를 질문할 수 있고 서로 토론하는 과정에서 스스로 답을 찾게 만든다. 이러한 방식은 도서관이나 학교에서도 이어진다. 우리나라처럼 주입식 교육이 아니라 학생이 문제를 갖고 답을 찾도록 도와주는 방식이다. 이런 이유로 창의성과 감성이 발달해 주류사회에서 주류역할을 맡게 된다.

이에 반해 우리나라 교육은 주입식 교육으로 하버드 대학에 들어갈 수는 있으나 창의성과 감수성, 체력 부족으로 버텨내지 못하고 도중하차 하는 경우가 많다고 한다. 미래를 내다보는 교육제도가 빨리 마련되어야 하는 이유가 여기에 있다.

유대인은 고유의 교육시스템을 개발해 수천 년간 실천해 오고 있다. 안식일 제도이다. 안식일은 단순한 휴일이 아니고, 물질생활을 떠나 정신세계로 침잠하여 유대역사를 생각하며 자기관리능력을 기르는 영적인 날이다.

유대민족은 4천여 년 전 출애굽기Exodus 이래 무수한 위기를 겪어 왔다. 유대인 교육의 경전인 탈무드는 유대인이 안식일을 지키는 것이 아니라, 안식일이 유대인을 지킨다고 했다. 유대인의 선민의식교육은 '이스라엘 민족은 하나님의 선택을 받은 선민selected people'이라는 영적교육이 토대를 이루고 있다.

대통령과의 만남
평범함 속에 비범함 키워

　한 나라의 대통령을 직접 만나는 일은 쉬운 일이 아니다. 그런데도 전두환 대통령을 비롯하여, 김대중 대통령, 노무현 대통령을 직접 만날 수 있었던 것은 특별한 인연이었다. 전두환 대통령은 예나 지금이나 항상 수행원들을 많이 몰고 다닌다. 자신을 정점으로 측근들과 함께 몰려 다녀 골목대장다운 면모를 보인다. 필자가 기자시절 전두환 대통령은 백담사 생활에서 해방돼 제주를 찾았을 때 제주공항 귀빈실에서 기자들과의 만남이 이뤄졌다. 무소불위의 권력을 휘두르고 백담사 생활을 마친 이후라서 그런지 모든 것을 내려놓은 듯 편안한 인상을 주었다. 아직도 힘이 남아 있어서인지 측근 수행원들은 여전히 상전 모시듯 굽실거리는 모습이 영화에서 나오는 두목과 흡사했다.

　두 번째 대통령과의 만남은 김대중 대통령과의 만남이다. 1997년 금융위기로 인한 국가부도위기에서 대통령에 당선된 후 1998년 4월 처음 해외나들이를 한 런던의 ASEM2 회의 참석 때이다.

당시 아시아·유럽 26개 정상이 참석한 회의 중 김대중 대통령과의 만남은 하이드파크 앞 도체스터 호텔에서 300여 명의 교민이 참석한 가운데 열린 교민만찬 행사에서였다. 이 자리에서 김 대통령은 자신이 죽을 고비를 4차례 넘긴 경험담과 앞으로 오직 민족과 조국만을 위해 열심히 일하겠다는 힘찬 약속으로 많은 박수를 받았다. 외국이라서인지 더 친근감이 느껴졌고 당시 IMF시절 외국 언론에서는 구걸외교라는 표현을 썼지만 희망을 엿보이게 하는 만남이었다.

세 번째 대통령과의 만남은 노무현 대통령이 아직 대통령이 되기 이전의 김포공항에서의 만남이었다. 나는 아침 제주행 비행기를 타기 위해 기다리는 중이었고, 노무현 대통령은 부산행 비행기를 기다리는 중이었다. 연이은 부산지역 국회의원 선거낙선 등 힘든 상황이었으나 밝은 표정으로 30여 분간 명함을 교환하고 대화를 나누었다. 작은 체구이지만 내면이 꽉 차게 느껴지는 겉모습과 어느 한편으로 자기주장이 너무 강하게 풍기는 느낌을 받았다. 어두운 현실이었지만 밝은 미래를 보는 혜안을 엿볼 수 있었다.

우리나라 대통령과의 만남 이외에 중국의 주룽지 총리의 ASEM2에서의 모습이 인상 깊었다. 당시 가장 주목을 받은 인물이었는데, 세계 모든 언론의 집중을 받아 떠오르는 중국을 연상시킬 수 있었다. 당시 필자는 기자신분으로 학위준비를 위해 런던에서 공부하고 있다가 명분이냐 실리냐를 고민하다가 주룽지 총리를 만나면서 과감히 귀국해 중국으로 날아가는 계기를 만들어주었다. 당시도 티베트 문제로 일부 서방언론인들이 시위를 하기도 했는데 도도히 흐르는 강물처럼 묻혀 버리는 모습을 보면서 부상하는 중국의 힘을 느낄 수 있었다.

이들 대통령들은 한 개인으로서는 보통사람과 똑같지만 자신이 만들어나가는 세상은 보통사람과 많이 다르다는 것을 쉽게 알 수 있다. 똑같지 않음에서 다름이 나오고, 비범함이 풍겨 나오는 것은 개개인의 숙명과 운명이 다르기 때문인 것이다. 똑같이 한 세상을 살아가면서 노숙자의 생활에서부터 대통령의 생활까지 한 마음을 어떻게 먹느냐에 따라 삶의 크기가 달라진다는 사실에 모골이 송연해진다. 살다가 가는 것은 모두 마찬가지지만 삶의 족적을 남기는 것은 그 사람의 그릇의 크기에 비례한다는 것이다.

법정 스님
무 소 유 의 삶 을 실 천

　삶의 의미를 찾는 사람들 중 법정 스님을 비켜나가기는 힘들 것 같다. 본인이 직접 출가해서 무소유의 삶을 실천하고 세상 사람들과 정신적인 만남을 통해 많은 가르침을 주고 있다. 철저한 무소유의 정신을 찬양하며 진정한 행복은 물질에서 오는 것이 아니라 정신적인 자유에서 온다는 것을 역설한다. '공수래공수거(空手來空手去)'의 삶 속에서 모든 것은 인연으로 맺어져 있고, 우리가 사는 한순간 순간의 삶의 소중함을 일깨워준다. 항상 긍정적인 마음으로 삶을 처절하게 살고, 죽을 때도 아무런 남김없이 처절하게 죽을 것을 강조한다.

　종교인으로서의 삶에 대해 항상 많은 생각을 하게 된다. 소유와 무소유의 문제도 필요하지 않은 많은 가짐에는 항상 그 만큼 화가 미친다는 것도 공감한다. 그러나 삶의 지배문제에 있어서는 많이 가진 자가, 힘을 가진 자가 없는 자를 지배하는 사회를 보면 무소유의 개념이 달라진다. 종교적인 잣대와 일반 사회적인 잣대가 다르다는 것을 생각하게 한다. 하나의 삶에 두 개의 잣대가 있을 수 없음에 힘 가진 자들에게 힘을 나누라는 뜻으로 생각해본다. 범인으로 살면서 종교인의 뜻을 헤아리고 본보기로 삼을 수 있다면 그만큼 참된 삶을 살 수 있을 것이다.

인간탐구를 하면서 코드로 따진다면 법정 스님과 많은 부분 코드가 일치함을 느낀다. 한 마디의 말이나 실천하는 행동이나 생각하는 바와 추구하는 방향이 산속에 있고 저잣거리에 있음이 다를 뿐이다. 저잣거리에 있으면서 산속의 생활을 헤아리고 '어디에 있으나 항상 깨어 있으라'는 말에 위안을 삼아 본다. '마음이 너그러울 때는 온 세상을 다 품을 수 있을 것 같지만 옹졸해지면 바늘 꽂을 틈도 없다'는 가르침은 하루에도 몇 번씩 경험하게 된다. 심신의 내공을 많이 쌓았다고 느끼다가 모퉁이에서 만난 몰상식한 운전기사를 만나면 괜히 욕이 나오고 한순간에 그동안의 심신수련이 무상함을 느끼게 만들어 버린다. '먹고살기 바쁜데 심신내공이 무슨 효용이 있을 것인가' 하는 물음에 허무함을 느낀다. 가진 자들의 오만함과 빈 머리에 환멸을 느낀다. 관계 속에서 자유로워질 때 진정한 자유를 누릴 수 있다는 것을 새삼 생각하게 된다.

누군가가 나에게 "종교가 있느냐"고 물으면 나는 "모든 종교를 다 믿는다"고 대답한다. 예수도 믿고 하나님도 믿고 부처님도 믿고 조상신도 믿고 알라신도 믿고 천지신명 모든 신들을 다 믿는다고 한다. 그러면 기독교를 믿는 이들은 아무것도 안 믿는 것이

니 하나님만 믿으라고 한다.

나는 아직도 인간이 종교를 만드는 것인지, 신이 인간을 만드는 것인지 의문을 가지고 있다. 그러나 인간이 신을 만들고 종교를 만들어간다는 데 더 공감이 간다. 삼라만상의 만물이 다 미미한 존재이지만 인간은 생각하는 존재이기에 자신의 약함을 보지할 신을 만들어 의존하는 것이라는 생각이다. 다른 미물들도 나름대로의 신이라는 것이 있는지도 모르겠다. 그런 신들이 서로 충돌해 인간사회를 피로 얼룩지게 하는 것이 종교전쟁이고, 지금도 종교이름으로 자행되는 인간파괴의 얼굴들이다. 인간다운 삶을 풍요롭게 도움을 주지 못할망정 파괴하는 것은 진정한 신의 뜻이 아닐 것이다.

농부는 농부로서, 사업가는 사업가로서, 정치가는 정치가로서, 종교인은 종교인으로서 서로 다른 일을 하지만 존중하는 마음이 있다면 더 한층 풍요로운 사회가 되지 않을까 생각해본다. 법정 스님도 물질적으로 생산적인 일을 하지 않지만 정신적으로 많은 이들을 계도하고 있기에 존경을 받을 수 있는 것이다. 자신의 위치한 자리에서 서로 관계의 역할을 깨닫고 노력하는 삶을 살 수 있다면 진정한 행복을 구가할 수 있으리라 생각해본다.

법정 스님에 대해 글을 만든 지 얼마 지나지 않아 법정 스님이 저세상으로 떠났다. 일체의 세속적인 장례절차를 생략한 채 입던 옷 그대로 장작불에 태워져 한줌의 재로 돌아갔다. 무소유의 마지막 소유물이었던 자신의 책들마저 절판토록 유언을 남기고 떠났다. 범인들은 절판된 법정 스님의 책이 분명히 가치가 높아질 것이라는 생각에 너도나도 책을 찾는 바람에 순식간에 매진되는 사태가 빚어졌다. 아직까지 출판계약이 남아 있는 출판사들은 책을 발간할 것인지를 두고 고민에 빠졌다. 돈을 위해서는 출판해야 되지만 유언을 따르자면 절판을 해야 하는 것이기 때문이다. 그래도 출판사들은 고인의 유지를 받들어 절판하는 쪽으로 가닥을 잡았다.

평소 법정 스님의 책을 즐겨 읽던 필자도 더 많은 책을 '소유'하려고 스님의 책들을 찾았으나 '무소유'를 비롯한 거의 대부분의 책이 매진돼 구할 수 없었다. 그나마 가지고 있던 책을 한 번 더 뒤적여 보는 것으로 위안을 삼았다.

불교의 평화관에 대해서 법정 스님은 자비를 강조한다. "자는 중생을 사랑하여 기쁨을 주는 것이고, 비는 중생을 가엾게 여겨 괴로움을 없애 주는 일"이라는 것이다. "원한은 원한에 의해 해결될 수 없고, 원한을 버림으로써 그것은 풀린다"고 했다.

모든 원한도 인과관계가 있는 것인데 중생들은 현재의 상황만 집착하므로 문제해결을 힘들게 한다는 것이다. 얼마나 도를 닦으면 '적에게도 자비를 베풀고 자비로 가득 채우라'는 말을 실천할 수 있을 것인가. 아직도 복수해야 할 원수들이 한줌이나 되는 데 말이다.

남산 수련

경 계 구 분 이 없 는 자 유 로 운 상 태 지 향

남산 수련을 새로 시작했다. 4년 전에 처음 시작했던 것과 비교했을 때 어느 정도 도를 깨우쳤다는 생각이 들었다. 도달점에 대해 얘기했다. 도달점은 자유로운 상태로 경계구분이 없는 것이다. 도달점이 있으면 출발점이 있다. 출발점을 모르면 해매이게 된다. 캄캄한 밤 자신이 어디에 있는지 모르는 상태에서 멀리 보이는 등대불을 연상하면 된다. 등대불이 도달점이고 캄캄한 현재의 있는 곳이 출발점이다. 등대불에 제대로 도착하려면 거리와 방향을 제대로 알아야 한다. 찾아가는 길이 삶의 길이다. 제대로 찾아가야 하는 것이 중요한 효율성의 문제이다.

실재적인 도달점이 명료해야 한다. 도달점은 통합된 모든 것으로 점점 깊어지고 끝이 아니다. 출발점인 현재 파악이 중요하다. 현재 상황은 생명의 조건이고 환경이다. 도달점과 출발점은 생명에 바탕을 두어야 한다. 생명시스템이다. 시스템으로 출발해야 도달이 가능하다. 조건은 똑같은데 다른 영역에 영향을 크게 받

아 치우침이 발생한다. 시스템의 원리를 제대로 파악해야 거리와 방향을 제대로 알 수 있다.

구조와 작용원리를 알아야 한다. 이것이 원하는 상태로 가는 중요한 계단이다. 교육과 수련은 피하지 않고 정면승부를 하는 것을 가르쳐준다. 도피하면 나중에 잘못된 계산서가 함께 나와 더욱 힘들어진다. 암도 친구처럼 생각하면 고통이 줄어든다. 피하는 방법을 논리적으로 가르치는 것이 일반화되어 있다. 여기서 하는 수련이 대중화되기 어려운 이유가 여기에 있다. 초보적으로 자기의 틀을 바꿔 편해지는 것은 가능하다.

자아 분리에서 통합으로 가는 것이 우선 정립되어야 한다. 상당한 고통과 시련이 뒤따르므로 일반에서 얘기하는 '생각대로'처럼 간단한 문제가 아니다. 생각대로는 상상력으로 경험에 의해 얻어진다. 생각에 의해 움직이는 것은 가상의 세계로 허구다. 의식의 영역은 가상의식으로 실재의식이 아니다. 현재는 뒤섞여 있어 구별이 안 되는데 구분이 되어야 한다. 허구세계에서 자기수준으로 행동하는 데 생명시스템을 헤아려야 한다. 완전한 경지에 오르는 것은 진정한 자유로움을 얻어 자유인이 되는 것이다.

균형 있는 삶
삶의 나침반으로 삼자

보이는 것은 생각이고, 보이지 않는 것은 느낌이다. 능력은 양극 균형을 유지하는 것이다. 치우치면 무너진다. 균형은 우주의 기본원리이고 새로운 힘이다. 한쪽에 너무 몰입하고 나면 허탈해진다. 무엇을 어떻게 균형을 잡아갈 것인가. 몸 자체와 마음 자체, 몸과 마음의 균형을 잡아가야 한다. 고차원의 삶과도 균형을 이뤄야 한다. 고차원의 삶은 밝고 맑고 가벼운 삶이다. 느낌도 살리고 생각도 살려야 한다. 양적 균형, 질적 균형, 양적 균형과 질적 균형이 모두 이뤄져야 한다.

무의식 자동반응으로 균형 있는 자각의식의 습관이 필요하다. 구분이 없을 때 힘이 나온다. 신념전환 시 필요한 마중물 역할이 필요하다. 몸과 마음이 하나가 되어야 한다. 치우치는 순간 에너지가 없어진다. 학술에서 학은 생각이고 술은 느낌이다. 생각은 저차원 이론이고, 술은 개인차원을 넘어선 부분으로 고차원의 실천이다. 무의식의 영역이다. 기운(에너지)은 몸을 지배하고 세상을 지배하는 힘이다. 각자 균형 있게 작용하도록 힘을 실어줘야 한다. 근원의 힘, 우주의 힘을 얻을 수 있는 방법이 제시된다. 믿고 따라오면 훨씬 빨리 도달할 수 있다. 일시적인 힘이 아니라 영원한 힘이다. 경험되지 않는 상상할 수 없는 힘을 얻게 된다.

모든 학문의 핵심은 균형이다. 모든 학술, 사업, 삶의 핵심도 균형이다. 치우치는 순간 우물에 빠져 해매이게 된다. 몸의 균형, 마음의 균형, 몸과 마음의 맞물림 균형과 고차원 삶의 균형이 이뤄져야 한다.

영과 육은 6대1이다. 고대에도 일주일에 하루는 종들을 쉬게 하고 같이 어울리고, 쉬는 바람에 밥을 먹을 수 없어 금식을 하게 된다. 질적인 균형을 맞추는 것이다. 너의 구분, 나의 구분, 너나 구분 없음이 이뤄져야 한다. 사랑에 눈이 먼 것, 정신이 나간 것, 앞뒤 구분을 못하는 것은 균형을 잃는 것이다. 구분이 있는 것(유교)과 구분이 없는 것(도교)이 균형을 이뤄야 한다. 고구려의 기상은 고려시대까지 이어지다 조선시대 무너졌다.

첫째 목표는 몸의 균형을 맞추는 것이다. 전후좌우 상하내외의 8개영역이 균형을 이뤄야 한다. 둘째 목표는 마음의 균형을 맞춰야 한다. 생각, 느낌, 생각과 느낌이 균형을 이뤄야 한다. 셋째 목표는 신념의 균형을 맞춰야 한다. 자기 틀이 강할수록 어려워진다.

신념에서 단서가 바뀌어야 한다. 정치와 종교도 마찬가지다.

정치가 균형이 깨지면 독재가 된다. 균형을 위한 독재는 가능하다. 삶과 죽음도 마찬가지다. 생각의 균형이다. 경험과 신념의 계산착오가 없어야 한다. 토대는 이성을 관장하는 좌뇌(분석)와 감성을 관장하는 우뇌(통합)의 균형인데 몸을 통해 균형을 잡아야 한다. 자각의식을 무의식으로 바꿔야 한다. 습관화가 되어야 한다. 마음 씀은 마음의 병이다.

균형의 핵심 고리는 '온전한 인간'이다. 균형이 잡힌 것은 평화가 깃든 상태로 '평화가 곧 하나님'이다. 균형을 이루면 온전함을 이루고 평화 이전에 절대자(하나님)의 힘이 흐른다. 믿고 따르면 그 순간부터 실감된다. 노력해야 될 일은 몸의 균형과 마음의 균형, 몸과 마음의 균형이다. 균형의 힘은 우주, 자연의 힘이 균형을 맞추는 작용이다. 즉, 치우침에 대한 반작용이다. 우주를 유지하는 핵심은 균형력이다. 성경에서 제시하는 평화는 균형의 으뜸으로 완전한 상태인 웰니스 상태이다.

균형은 양극적인 요소가 필요하다. 상대적인 세계와 절대적인 세계가 균형을 맞아야만 하나님의 힘이 깃들 수 있다. 부처의 한계는 절대자가 없다는 것이다. 자기 안에 있는 상대세계를 넘어 절대로 넘어가는 것은 '초월'이지 균형은 아니다.

상대와 상대는 경계와 구분, 분리가 있지만 절대는 통합을 이룬다. 자전거를 달릴 때 균형 잡힌 상태가 된다. 완전한 균형이 이뤄지면 몸과 마음이 아닌 무엇인가 흐른다. 전기는 양극과 음극의 합이 아닌 다른 새로운 것이다. 자기 자신보다 더 큰 힘은 신념으로 정치와 종교에서 나온다. 하나님의 힘은 하나 되는 힘, 즉 균형이다. 몸이 균형을 이루면 새로운 신비의 힘이 생겨나는데 원리를 알아야 한다.

몸과 마음의 균형을 어떻게 이뤄나가는가? 절대자의 힘이 연계된 것을 인식하고 온전하게 살아가야 한다. 절대자의 힘을 붙잡고 밝고 맑고 가벼운 상태로 살아가야 한다. 기후의 변화를 주의 깊게 살펴보아야 한다. 우주전체의 큰 변화이다. 대기권 안에서만 생각하면 계산착오이다. 징조는 평범하지 않은 것이 일어나는 단초이다. 날씨의 변화는 세상 변화의 징조이다. 삶과 적절히 계산 맞춰 대응해나가야 한다. 균형이 잘 맞지 않는다는 것을 과제로 받아들여야 한다.

윗삶길

밝고 맑고 가벼운 삶을 지향

수련 모임의 명칭이 정해졌다. '윗삶길 경당Upper Class Life.' 윗삶길은 맑고 밝고 가벼운 상태의 삶을 추구한다. '아랫삶길'과 대비된다. 경당은 배움의 장소로 고구려 시대 학교의 다른 이름이다.

방법은 신념체계 전환을 위해 뇌신경체계를 변화시키는 것이다. 몸 부분을 바꿔야 가능하다. 뇌신경 변화를 위해 탄력이 필요하다. 탄력은 균형을 위한 힘의 원천이다. 힘의 작용과 반작용의 맞물림 사이에 탄력이 발생한다. 음악적 탄력은 리듬이고 장단이다. 걸음과 모든 운동에 탄력이 있어야 한다.

모임을 만들면 회원 명단이 있어야 하고, 회비를 내야 회원이 된다. 나의 역할은 조직화하는 것이다. 오거나이저이다. 단계는 1박 2일 집을 떠나 합숙을 통해 길동무 트기로 시작된다. 다음 단계가 길동무 삼기이다. 다음 단계가 길동무 열기이다. 혼자 하는 수련은 상대라는 거울이 없기 때문에 힘들다. 여기에 커뮤니티의 필요성이 제기된다. 뜻을 같이하고 코드 맞는 사람끼리 공동생활을 하는 공동체 마을이 이상적이다. 종교를 떠나 공동체 마을을 구성할 수 있다.

　관건은 때와 인과관계와 능력이 갖춰졌느냐에 따라 달라진다. 진정한 삶의 의미를 찾고, 집과 고향을 잃은 이들에게 마음의 안식처가 되며, 각기 다른 능력을 마음껏 발휘하여 공동선의 이상향을 만들어가는 것이다. 삶과 죽음을 넘나드는 이들, 무지로 삶의 방향을 잃고 헤매는 이들, 자기의 틀에 갇혀 스스로 경계와 멍에를 만드는 이들, 모든 고뇌하는 이들에게 근원적인 삶의 원리를 전해줌으로써 맑고 밝고 가벼운 삶으로 바꿔 나가는 것이다.

　여기에는 도사라 일컬어지는 원황철 선생(남산에서 경당 운영)의 리더십과 최근 『잃으면 얻는다』는 책을 펴낸 경희대 권용주 교수의 적극적인 뒷받침이 바탕이 되고 있다. 앞으로 인간탐구를 추구하는 이들이나 종교를 초월해 깨달음을 얻고 싶은 이들이 함께 만들어가는 과정이 '윗삶길 경당'이다. 어느 방향으로 가나 궁극의 길은 죽음의 길인데 삶의 과정 속에서 '어떤 생각으로 무엇을 하느냐?'의 길을 제시해주는 것이다.

　몸 길은 절대자의 섭리로 신의 힘이다. 6개월간의 집중훈련이 필요한데 처음부터 힘을 느끼게 만들어 지름길을 가게 된다. 원리와 섭리를 발견했기 때문에 가능하다. 마음 길은 정치와 종교의 힘이다. 종교는 교파와 교리를 뛰어넘어 균형의 원리를 우선한다. 단계는 누구나 원하면 자유롭게 출입이 허용되고 기존 신자와 신도들도 수용되며 길동무와 길벗, 도반의 과정을 거쳐 영혼 길에 이르게 된다

행복학

물 질 세 계 에 서   벗 어 나   정 신 세 계 로   가 야

　최근 행복에 대해 많은 얘기들이 회자되고 있는 것은 그만큼 많은 사람들이 행복하지 못해 행복을 갈구하고 있다는 것을 반증한다고 볼 수 있다. 서울대학교에서는 행복학을 국내 처음으로 강의과목으로 설정, 강의를 하고 있을 만큼 행복은 오래전부터 국민의 최대 관심사 중의 하나가 되고 있다.

　자료에 의하면 국민소득이 1만 5,000~2만 달러가 넘어가면 행복지수에 별 변화가 없다고 한다. 행복지수가 높다는 것은 그 사회가 건강하다는 의미이고, 이를 높이는 것이 국가경쟁력을 향상시키는 지름길이다.

　행복학은 '욕심을 버리고 편안하게 살아라'는 소극적 인간형과 '일을 하더라고 재미있게 하고 긍정적으로 하라'는 적극적인 인간형에 이르기까지 다양하다. 못사는 나라들의 행복지수가 높은 것은 '자족'을 통한 종교적인 영향이 크다고 할 수 있다.

　미국은 1945년에서 2000년 사이 실질 국민소득이 3배 이상 상

승했지만 행복지수는 하락했다. 같은 기간에 이혼은 2배, 10대 자살률은 3배, 폭력범죄는 4배, 미혼모 신생아 비율은 6배, 우울증은 10배나 증가했다.

개인의 욕망은 아무리 채우려 해도 채워지지 않는 것이고, 국가들 간의 경쟁시스템에서 빠져나올 수 없다. 99개를 가진 자가 100개를 채우기 위해 범죄를 저지르는 것이 인간세상이다. 하나를 가진 자가 하나를 없애버리면 자유인이 된다.

진정한 자유인은 무소유에서 출발한다. 가지면 가질수록 더 가지고 싶어 하는 것이 물질세계의 법칙이다. 정신세계로 나가지 않으면 안 되는 이유가 여기에 있다. 물질세계는 소유의 경쟁에서 벗어날 수 없다. 정신세계는 존재, 즉 본질을 추구한다. 삶의 의미, 자연, 우주, 나, 영혼, 삶과 죽음, 윤회 등등.

물질의 소유를 숭상하는 자본주의에서는 돈이 인간을 지배한다. 돈이 말하고 돈이 사람을 부린다. 누가 많이 가졌느냐에 따라 서열이 결정된다. 가진 자는 더욱 많이 갖게 되고, 없는 자는 더욱 없게 되는 것이 자본주의의 모순이다.

태어날 때부터 똑같은 기회가 주어지지 않는다. 어느 국가에, 어느 도시에, 어느 가족에 태어나느냐에 따라 처음부터 운명의 길이 달라진다. 처음부터 차별화가 이뤄지니까 정의가 없다. 자본주의 법은 가진 자를 위한 안전망이다. 가진 자는 법망을 벗어날 수 있지만 없는 자는 법의 그물에 걸리고 만다. 유전무죄, 무

전유죄의 모순이 지배한다.

없는 자는 가진 자가 되기 위해 열심히 노력한다. 극히 일부는 계층이동이 가능하다. 그러나 대부분은 절망을 느낀다. 극히 일부 절망을 느끼는 자는 스스로 생을 버리게 된다. 경쟁사회에서 남과 비교하지 말라는 것은 가진 자들의 호사다. 같은 사회에 살면서 누구는 열심히 일해도 입에 풀칠하기 힘든데 누구는 태어날 때부터 왕자나 공주대접을 받게 된다.

출발점이 다르니까 평생 노예로 살아야 하는 운명과 임금처럼 사는 운명이 처음부터 대부분 결정된다. 그런데도 사회는 가진 자의 편에 선다. 정의도 가진 자의 편에 선다. 없는 자는 억울하게 당하지 않으면 그나마 다행이다. 억울하게 당하면 '전설의 고향'에서 나타나 귀신으로 복수하는 것이 그나마 위안이다.

없는 자가 희망을 잃게 되면 절망하여 스스로 생을 버리거나 사회에 반항의 깃발을 쳐들게 된다. 이것이 혁명이다. 가진 자들의 너무 자기만의 성을 높이 쌓아 가면 혁명의 씨앗도 똑같이 높이 커가게 된다. 동서고금을 막론하고 균형의 이론은 똑같이 적용된다. 억눌리면 부러지거나 튕겨 일어서게 된다. 중국의 사회는 50년을 주기로 혁명이 발생해왔다. 한 왕조, 한 국가의 몰락은 300~500년을 주기로 한다. 가진 자들의 성찰이 필요하지만 이미 물들게 되면 스스로 헤어나지 못하는 것이 물질의 속성이다. 다른 요인에 의해 변화하지 않으면 안 된다. 개인으로는 정신적인 사회가 되어야 하고, 국가적으로는 민주주의의 기본원리를 더욱 높여 나가는 것이 최선의 방책이다. 강한 자가 약한 자를 돕고, 건강한 자가 병든 자를 도우며, 가진 자가 없는 자를 도우며 같이 살아가는 방법이다. 지도자를 제대로 뽑으면 가능하다. 그만큼 리더는 중요한 자리이다.

친구를 보내며
이승과 저승 사이

친구 한 명이 타계했다는 메시지가 왔다. 고등학교 동창이다. 뇌종양으로 입원한 병원에서 봤던 친구가 세상을 떴다는 것이다. 나이 55세. 박사학위 받고 교수로 활동해왔다. 해병 ROTC를 나올 만큼 건강에도 문제는 없었다. 이 친구가 했던 농담이 생각난다. 택시를 타고 가는데 택시기사가 "힘 좋게 생겼다"고 했다고 한다. 얼굴 관상을 보고 힘을 느낄 만큼 강한 면모를 보였을 정도였다. 학교 교사 임용고시를 통과해 교직의 길을 걷고 있는 딸을 일찍 출가시켜 친구들의 부러움을 사기도 한 친구였다. 뇌종양이 삶을 앗아갔다. 설 명절 전 현대아산병원에 문병 갔을 때만 해도 봄이 되면 골프 같이 치자고 할 만큼 아직은 건강하게 보였던 친구였다.

삶과 죽음. 누구나 거치는 과정이지만 죽음을 대할 때면 인생 무상을 되새기게 된다. 누구나 왔다가 가는 삶에 집착과 탐욕과 이기심이 앞선다. 더불어 사는 삶을 지향해야 하는데 온갖 권모술수와 '남의 불행이 나의 행복'이 판을 치는 세상이다. 삶의 의미는? 목적은? 행복은? 과정을 중시해야 하는데 너무 결과만 집착하는 것은 아닌지? 이 메시지를 전하는 이도 이미 뇌졸중으로 한쪽이 마비증상을 겪고 있는 친구다. "내가 먼저 가야 할 것 같은데 그 친구가 먼저 갔다"고 말했다.

설 명절 때 고향에 내려가서 요양원에서 생활하는 어머니를 집에 모셔 이틀을 지냈다. 역시 뇌졸중으로 쓰러져 치매까지 겹쳐 더 악화되지 않기만을 바라는 단계가 되었다. 최근에는 손과 발의 떨림 현상이 심해지고 있다고 한다. 그래도 사람을 알아보고 음식을 먹을 수 있는 것에 감사할 따름이다. 평생 고생만 하시다가 고생이 끝날 즈음에 찾아온 병마는 본인은 물론 가족들에게도 힘든 과정을 남기게 된다. 건강하게 사는 삶이 얼마나 행복한 것인가를 새삼 되새기게 한다.

친구의 마지막 가는 날 하루 전에 장례식장을 찾았다. 함박눈이 펄펄 날려 가는 친구의 길을 은색으로 바꿔 놓고 있다. 이미 다른 동창들이 허무한 표정으로 한 잔 소주를 기울이고 있었다. "가까운 친구로는 처음 삶과 죽음을 겪는다"는 한 친구의 얘기처럼 인생무상을 가슴 깊이 새기며 또 다른 트라우마를 만들어내고 있다. 먼저 가는 자와 조금 늦게 가는 자의 차이는 별 큰 차이가 없다. '그래도 아직은 아닌데' 하는 마음이 모두에게 횡한 마음으로 다가온다. 가는 자를 잘 보내자고 모인 자리에서 제 나름의 인간 군상들이 또 다른 죽음을 향해 다가가는 모습이 애처롭다.

'술을 좋아하다가 갑자기 끊은 경우는 위험한 신호'라는 얘기가 이구동성이다. 최근 두 명이 더 늘었다. 건강한 삶을 위해 타산지석으로 삼아 좋아하던 술과 담배도 끊어가며 건강을 챙기지만 이미 죽음의 그림자는 어느새 깊이 드리워져 있다. 이 친구도 2년 전 술을 끊었지만 이유는 얘기하지 않았다. 간암이었다는 얘기도 들린다. 혼자만의 아픔을 처절하게 다스려야 했던 슬픈 영혼이었던 셈이다. 속에 담아 두지 말고 '~새키'라고 뱉어내 버려야 하는데 그럴 수도 없었다. 혼자 삭이다 가는 것이다.

앞서가는 자와 남은 자의 행복은 과연 어떤 차이가 있을까? 오십보백보이다. 수명의 문제가 아니라 무엇을 했느냐가 중요하다. 짧고 굵게 살든, 길고 얇게 살든 흔적이 중요하다. 그런 의미로 봤을 때 이 친구는 그래도 많은 사람들이 가는 길을 배웅해줘서 행복한 것인지도 모른다. 그래 잘 가서 터 잘 닦아 뒤라. 나중에 만날 수 있으면 만나서 지난 일을 얘기해보자.

장하다 한국 낭자

한국 낭자의 파워로 재도약을

　　우리나라에서 여성의 파워는 이제 대통령을 만들어낼 만큼 막강하다. 정치, 경제, 사회, 문화, 체육 등 모든 부문에서 두각을 나타내고 있다. 오히려 김연아 선수나 박세리 선수 등 스포츠 부문에서 여성의 활약은 세계를 놀라게 하고 있다.

　　LPGA 5대 메이저 대회 중의 하나인 에비앙 마스터스 대회에서 우리나라 낭자인 박인비 선수가 당당히 우승했다. 시종일관 마음을 드러내지 않는 침착한 모습으로 3일째까지 공동우승을 이끌어 맨 마지막 팀으로 출전했다. 배꼽이 보일 만큼 조금은 살찐 체격이었지만 최종일에 6언더를 몰아치며 두타 차로 당당히 우승컵을 껴안았다. 가장 인상 깊은 장면은 그린에만 올라가면 퍼팅이 자유자재로 들어가는 것이었다. 한 게임 퍼팅수가 22개에 불과할 정도로 신들린 경기였다. 세계적인 강호들과 싸우면서 전혀 주눅 들지 않고 4억여 원의 넘는 우승상금을 챙겼다. 우리나라 낭자군은 박인비 외에도 김효주가 고교2년생이지만 아마추어 자격으로 참가해 당당 4위를 차지하고, 박세리와 박희영 등 탑10 안에만 4명이 이름을 올릴 만큼 두각을 나타냈다. 정확한 아이언 샷과 퍼팅으로 세계인의 이목을 집중시켜 한국의 위상을 세계에 알리는 좋은 계기가 되었음에 틀림없다. 필자도 골프를 즐기는 입장에서 한 타 한 타의 샷이 얼마나 어려운 것인가는 항상 실감한다. 사람의 마음인지라 큰 내기가 걸려 있으면 샷은 제멋대로 춤추고 3퍼팅하기 일쑤이다. 그런데 박인비와 김효주는 어린 나이임에도 불구하고 침착하게 끝까지 제 페이스대로 정확한 샷을 구사하는 것이 대견스러움을 넘어 존경스럽기까지 했다.

때마침 열리고 있는 런던 올림픽에서도 태극 낭자 궁사들이 단체전에서 금메달을 땄다. 결승전에서 중국과 맞붙었는데 209 대 210 한 점 차이로 금메달을 따낸 것이다. 이 기록은 연속 7회째 이어진다고 하니 한국 낭자군이 얼마나 대단한가를 웅변해준다. 세계를 다녀봐도 우리나라 사람들이 똑똑하다는 것을 쉽게 발견하게 된다. 개인의 노력은 물론이고 교육을 통한 출세라는 가정의 분위기를 반영하는 면도 있지만 DNA가 우수하다는 생각을 많이 하게 된다. 어떤 어려움 속에서도 옹골차게 일어나 꺾이지 않는 삶을 살아가는 우리 민족이기에 5천 년의 수많은 외침 속에서도 살아남지 않았던가. 그중에서도 낭자군의 활동은 최근 들어 더욱 빛나고 있으니 우리나라의 미래가 전도양양할 것임에 틀림없다. 다만 한참 뒤쳐져 있는 정치부분만 제대로 정리된다면 멋진 나라가 될 것임을 자부해본다.

삼국지의 지혜

등 장 인 물 을 통 해 본 삶 의 지 혜

삼국지를 다시 한번 읽었다. 며칠에 걸쳐 집중도를 높여 이문열이 평역한 10권을 모두 읽었다. 과거에 읽었던 내용과 등장인물의 속성이 좀 더 심도 있게 다가왔다. 처음 삼국지를 읽은 기억은 초등학교 5학년인 1968년도이다. 당시 한 권으로 된 아동용 삼국지를 밤새 읽으면서 수많은 영웅호걸들의 부침에 인생무상을 느꼈던 기억이 새삼스럽다. 그 후 몇 차례 삼국지를 읽은 기억이 있다. 학과공부에 지쳐 있을 때 삼국지를 읽으면서 수많은 인물 중에 자신의 역할과 견주어 보면서 무한한 꿈을 꾸기도 했다.

삼국지 내용 중에서도 유비와 관우, 장비가 어지러운 난세에 대의를 품고 도원결의를 맺어 한 세대를 풍미하는 내용이 가장 마음에 들어온다. 삼국지연의를 지은 나관중이 위, 오, 촉 중 촉에 중점을 둔 이유도 있지만 보통 사람으로 태어나 나름대로 옳은 뜻을 품고 나라에는 충을, 부모에게는 효를, 형제간에는 우의를 내세운 면이 사뭇 교훈적이기까지 하다. 무수한 등장인물 중에 꾀를 내는 책사들인 문인들과 창칼을 잘 쓰는 무인들의 빼어난 활약은 읽는 이들의 감탄을 자아내기에 부족함이 없다. 그러면서도 자신의 성격 한계를 벗어나지 못해 운명 지어지는 영웅들의 죽음을 보면서 현재를 사는 이들에게 일깨워주는 바가 자못 크다고 할 수 있다.

도원결의의 맏형 유비는 한실종친인 유황숙으로 불리며 백성을 아끼는 인의의 마음으로 삼고초려를 통해 제갈공명을 얻어 촉을 열어 솥발 같은 삼국의 기초를 다지게 된다. 조조는 천자를 끼고 제후를 호령하면서 적재적소에 인재를 기용하는 실용정신을 바탕으로 한을 폐하고 위를 세워 삼국통일의 초석을 마련하게 된다. 손권은 강동의 지리적인 이점과 위와 촉과의 줄타기 외교로 한 축을 형성하게 된다.

도원결의 형제 중 관우가 지나친 자부심과 자만심으로 먼저 목숨을 잃고, 성정이 우락부락한 장비도 조급하게 굴다가 부하에게 허망하게 목이 잘리고, 유비도 지나친 복수심과 자만으로 목숨을 잃게 되니 모두 타고난 운명을 벗어나지 못했다. 선주인 유비의 뒤를 이어 후주가 된 유선은 조운이 장판교 싸움에서 위 대군을 뚫고 구해온 아두(유선)로 유비가 오히려 장군을 잃을 뻔했다며 던져버렸던 어린아이였다. 그때 머리가 잘못되어서인지 선주의 유지를 제대로 받들지 못하고 오히려 환관 황호의 아첨과 향락에 빠져 나라를 통째로 위에 바쳐 항복하는 수모를 겪게 되어 무수한 호걸영웅들의 피땀이 물거품이 되는 한을 남기게 된다.

오나라도 비슷한 과정을 거치게 되는데 선대의 지략과 애국충절은 한낱 후손들의 난장판으로 막을 내려 인생무상을 느끼게 한다. 위나라도 결국 통일을 이루지만 못나고 힘없는 후손은 사마 씨에게 통째로 나라를 넘겨줘야 하는 운명으로 전락해 강한 자만이 살아남는 약육강식의 동물의 세계를 벗어나지 못하게 된다.

삼국지는 한 편의 영화나 흘러간 역사로 그칠 것이 아니라 오늘을 사는 이에게도 현재진행형임을 일깨워준다. 아무리 애를 써도 하늘의 정한 운명을 거스르지 못하는가 하면, 역사는 반복된다는 사실을 여실히 증명해주기 때문이다. 바보 같은 군주를 섬겨야 하는 신하들과 백성들은 항상 어려움에 빠져 들고, 남의 힘없음에 힘으로 찬탈하면 오래지 않아 힘 있는 자에게 찬탈당하는 역사는 반복된다. 옳고 그름조차 없어 보인다. 유비가 선한지 조조가 악한지 작가의 의도와는 다르게 선악의 개념도 없다. 오히려 오늘날 치열한 경쟁사회에서는 유약한 유비보다 능력이 있으면 누구나 사람을 뽑아 쓰는 간웅인 조조가 더 각광을 받는 시기가 되었다. 시대에 따라 등장인물들의 역할과 평도 달라지는 것이다.

삼국지를 읽는 이들은 자기의 능력에 따라 좋아하는 등장인물들과 자신을 견주어보게 된다. 나는 뜻을 같이하는 사람들끼리 한 시대를 풍미할 수 있는 도원결의를 높게 평가한다. 보통 사람으로 태어나 자신들의 세계를 만들기 위해 복숭아나무 밭에서 "천지신명께 고하나니 한 날 한 시에 태어나지는 않았지만 죽을 때는 같이 죽으며 대의를 위해 한목숨 바치겠습니다"는 도원결의를 통해 구름처럼 영웅들이 몰려들고 한 시대를 풍미하였으니 아무리 난세라 하지만 멋있는 삶이 아니겠는가. 또 조조는 자신의 목적을 위해서는 두꺼운 얼굴과 검은 마음을 감추면서도 영웅을 부리는 통솔력은 오늘을 사는 CEO들에게 많은 귀감이 되기도 한다.

삼국지는 그러나 아무리 역사라지만 너무 많은 인명을 앗아갔다. 사람 목숨이 마치 파리 목숨에 불과하다. 상대를 죽여야만 자신의 입지를 지킬 수 있는 먹고 먹히는 제로섬 관계이다. 명령에 의해 죽이든지 공명심에 의해 죽이든지 간에 너무 많은 민초들이 죽어 나간다. 목적을 위해서는 수단과 방법을 가리지 않는다. 오직 강자만이 살아남는 약육강식의 세계가 판을 친다. 한 목숨 늘리기 위해 권모술수가 횡행하고 모두 대의를 위해 역적을 죽이는 명분을 내세운다. 누가 역적이고 누가 의로운지는 살아남은 자가 결정한다. 오늘날 정치나 경제도 크게 다르지 않다. 어떻게 오래 살아남느냐가 핵심이다. 사람도 구구팔팔이삼사로 건강하게 살고, 기업도 이익을 남기는 것도 중요하지만 오래 살아남는 것이 더 중요한 시기가 되었다.

세월이 흐르면 영웅호걸이나 이름 없는 자나 모두 스러져 나간다. 그럼에도 불구하고 너무 모질게 사람을 해치며 이득을 논하는 이들의 말로가 헛수고인 것을 어찌 깨닫지 못한단 말인가. 아등바등 남의 것을 빼앗기 위해 애쓰고 작은 권력마저도 완장을 차기 위해 아부와 권모술수가 판을 치는 현실은 인간사회가 있는 한 지속될 수밖에 없는 것인가. 역사의 교훈은 '뿌리면 뿌린 대로 거둔다'고 가르치지만 현실은 당장 손아귀에 움켜잡기 위해 피를 부르기도 한다. 이기적인 삶이 아닌 이타적인 삶을 모두가 추구하는 영원히 함께하는 시대를 갈구해본다.

스스로 세상을 버리다
삶을 가볍게 보는 세태 반영

엘리베이터 안에서 한 젊은이가 불안한 표정으로 계속 돌고 있다. 17층 옥상을 눌러 계속 돌다가 문이 열리면서 주저 없이 내린다. 옥상에는 입주민들만 드나들 수 있도록 입주민 전용 특별 카드가 없으면 문이 안 열리게 되어 있다. 그 젊은이가 엘리베이터에서 내리기 바로 직전 강아지를 안은 여성이 옥상으로 들어간다. 곧바로 젊은이도 따라 들어간다. 젊은이는 마치 작심이라도 한 듯이 50여m를 걸어 일반 성인도 올라가기 어렵게 만든 옥상 울타리를 환풍기를 타고 올라가 5m를 움직여 곧바로 떨어진다. 화면에 나온 시간은 오후 6시 2분을 가리킨다.

필자가 사는 오피스텔의 CCTV화면에 잡힌 그림이다. 바로 전 입주민 중 한 사람이 젊은이가 떨어져 경련을 일으키는 것을 곧바로 119에 신고해 병원에 실려 갔다는 것이다. 경찰이 출동하고 CCTV를 확인하고 스스로 세상을 버린 것으로 결론짓고 철수했다. 그런데 그 젊은이는 입주민이 아닌 이웃 마을주민으로 밝혀져 충격 속에 황당함이 더해졌다. 왜 하필 이곳에서 세상과 결별하려고 했는가에 대해서이다. 경험이 많은 형사들은 "자살방법이 결정되면 주저 없이 곧바로 실행에 옮기게 되는 것이 특징이라며 이웃에서 가장 가까운 높은 건물을 찾아서 왔을 것"이라고 한다. CCTV는 그 젊은이가 건물에 들어오는 과정부터 투신하는 과정까지 정직하게 보여주고 있다. 반바지 차림에 슬리퍼를 신어 마치 산책이라도 나온 것처럼 걷는 모습이 마치 제집 드나드는 것처럼 익숙하게 다가왔다.

나중에 경찰이 알려준 바로는 23살의 대학생으로 한 달 전부터 실연의 원인이 돼 공황상태에 빠져 지냈다는 것이다. 제일 높은 층에 사는 이유로 매일 엘리베이터를 많이 타야 하는 나는 그 젊은이가 혼자 엘리베이터를 타고 쉴 새 없이 빙빙 도는 모습이 오버랩돼 모골이 송연해지곤 한다. 모르는 게 약이라는 말이 헛말이 아니라는 것을 새삼 느끼게 한다.

오래전에 기자생활을 할 때 고등학교 3년생을 납치해 암매장했다가 붙잡힌 전직 운전기사 사건이 아직도 트라우마로 남아 괴롭히고 있다. 아무런 원한도 없는 집안의 아이를 단지 돈이 필요하다는 이유로 납치해 교복을 입힌 채로 과수원 한구석에 암매장했다가 붙잡힌 후 발굴하는 현장을 목격했는데 한 여름철이어서인지 시체는 부패하고 냄새는 코를 찌르는데 손목시계는 째깍째깍 움직이고 있던 장면을 글로 옮긴 적이 있었다. 병원으로 실려 간 그 학생은 부검이라는 이름으로 머리를 전기톱으로 잘라 일명 파이버라는 두개골을 열어 해부하는 모습을 보면서 의사와 경찰은 아무나 할 수 없다는 사실과 사람의 보잘 것 없는 모습에 한동안 식음이 어려워지기도 했다.

삶과 죽음, 살아 있을 때 인간다운 모습일 뿐 죽으면 한낱 물건에 지나지 않은 우리네의 모습을 다시 한번 되새기게 한다. 정신적인 방황은 세상을 버릴 만큼 해결방안이 쉽지 않다. 현대인은 누구나 정신적인 방황에서 벗어나지 못한다. 남과 비교하거나 경쟁하지 말고 자신을 위해 스스로 삶의 의미를 찾고 대처해 나가는 길이 최선의 방책이다. 일시적으로 정신적 공황을 겪는 이들을 도울 수 있는 실질적인 시스템 마련도 필요할 것 같다. 이름 모르는 젊은이의 명복을 빈다.

'묻지 마' 범죄

더불어 사는 삶 속에서 해답 찾아야

묻지 마 범죄가 판치고 있다. 묻지 마 범죄는 범죄대상이 아무런 연관이 없는 상대를 대상으로 행해지는 범죄이다. 의정부역사에서 40대 남자가 흉기를 휘둘러 6명을 다치게 했다. 원인은 전동차 안에서 침을 뱉었는데 이에 항의하는 과정에서 2명에게 흉기를 휘두른 다음 역사 안으로 들어가 묻지 마 범죄를 저질렀다는 것이다. 또 동네 놀이터에서 배회하던 40대 남자가 귀가하던 이웃주민을 아무런 이유 없이 흉기로 찌르는 행위도 일어났다. 길 가던 여성을 집안으로 끌어들여 토막 살인한 중국교포도 있다. 수많은 성폭행사건도 하루가 멀다 하고 발생하고 있다. 언론은 묻지 마 범죄의 심각성을 상세히(?) 보도하며 심리전문가들을 내세워 경고하고 있다.

묻지 마 범죄는 희망이 없는 사회현상에서 발생한다. 사회가 그만큼 건전하지 못하다는 반증이다. 자본주의가 점차 심화되면서 돈의 위력이 모든 것을 압도하는 요즘 아무리 애를 써도 미래가 보이지 않을 때 자포자기가 되고 묻지 마 범죄로 이어진다. 가진 자와 못 가진 자의 차이가 너무 커서 가진 자들만의 승자독식으로 이어지는 사회시스템 아래에서 묻지 마 범죄는 더욱 기승을 부릴 전망이다. 그만큼 사회안전망이 취약하다는 것을 말해준다.

여기에는 사회의 공정성에 대한 회의감도 한몫한다. 재벌이 탄생하는 과정에서 온 국민의 피와 땀이 담보되어 특혜가 주어졌다. 정경유착은 물론 국가도 세계경쟁력이라는 이름으로 재벌 몸집 늘리기 정책을 고수했다. 그런데 재벌 2~3세로 내려오면서 공기능적인 역할이 사라지면서 문제가 불거지기 시작하고 있다. 문어발식 사업확장과 세금탈루, 비정상적인 상속, 온갖 범죄에도 재벌은 치외법권적인 혜택을 누려오기도 했다. 오히려 골목상권과의 지나친 경쟁으로 피해를 주는 사례까지 발생하고 있는 실정이다.

이런 가운데 사회소셜네트워크SNS는 더욱 강화돼 비밀이 없는 세상이 되어가면서 재벌들의 일탈이 낱낱이 알려지고 없는 자의 희망은 더욱 꺾이게 된다. 재벌만의 문제는 아니다. 이미 가진 자의 축을 형성하는 비호세력 또한 겉으로는 위험의 심각성을 내세우지만 속으로는 같은 편이라는 것을 애써 숨기는 꼴이 되고 있다. 사회의 정화기능을 담당해야 할 언론과 사법, 교육, 종교 분야까지 가진 편에 몸담는 경우가 많다. 전관예우로 대표되는 가진 자들의 끼리끼리 행태가 지속되고 있다.

없는 자는 묻지 마 범죄를 통해 마지막 울분을 토로하고 있는 셈이다. 이들은 외친다. 국가와 사회가 도와주지는 못할망정 공평한 기회를 제공하고 공평한 법 잣대를 원한다는 것이다. 재벌들은 돈을 무기로 온갖 광고전을 펼치고 계열사끼리 지급보증을 하는 방식으로 공정거래를 무너뜨린다. 중소기업과 골목상권의 돈 되는 일이면 무턱대고 쳐들어온다. 양심도 없다. 오직 자본의 논리만이 통할 뿐이다. 이들은 태생적 사고마저 완전히 자본가적으로 물들어 바꾸기 힘들다. 모든 것을 자기 마음대로 해야만 직성이 풀리는 것이다. 모든 좋은 것을 다 누려야만 만족한다. 법도 우습게 본다. 정규직 대신 비정규직을 많이 고용해 임금을 아끼려고 한다. 군림하려고 한다. 없는 자를 죽여야만 사는 가치를 느낀다. 없는 자가 나갈 길은 너무 좁다. 미래는 고사하고 현재에 불만과 불안이 쌓이게 된다. 우군은 없고 모두 적군처럼 보인다. 외톨이가 된 느낌이다. 다른 이들은 잘 나가는데 나에게는 불행만 이중 삼중으로 겹쳐온다. 미래가 안 보인다. 희망이 안 보인다. 순간적인 극도의 분노가 치밀어 오른다.

마지막 단계에 내몰린 이들이 나아갈 방향은 그리 많지 않다. 사회의 불안요인으로 남는다. 어둠이 깊어져 간다. 역사는 일깨운다. 패배한 자에게는 아무것도 없다. 승리자에는 모든 것이 주어진다. 패배한 자는 죽음보다 더한 치욕을 당할 수밖에 없다. 승리한 자는 찬란한 영광 속에 축복을 받는다. 승리자는 신이라 했다.

신의 존재가 따로 있는 것이 아니다. 승리자가 신이다. 그게 현실이다. 이긴 자의 뜻이 곧 법이고 그의 말이 곧 신의 소리이다.

인간의 승패 속에서 인간의 길을 가는 것은 신으로 가는 길을 찾기 위해서다. 아직 희망은 있다. 인간으로 태어나 신으로 죽은 사람들이 많다. 인류를 위해 영원한 유산을 남긴 위대한 창조자들은 죽어도 언제까지나 살아 있는 신들이다. 개혁해야 한다. 개혁은 바꾸는 것이다. 나 자신부터 바꿔 나가야 한다. 변하지 않으면 희망이 없다. 시스템도 바꿔야 한다. 사람도 바꿔야 한다. '묻지 마' 범죄가 '묻는' 범죄로 악화되기 전에 대책이 필요하다.

대학교육

10년 후 대학교육의 미래

대학교육은 우리나라 사회의 핵심인물을 키우는 중요한 역할을 담당하고 있다. 절대적인 학생 수 감소와 대학의 양극화로 우리나라 대학교육도 위기를 맞고 있다. 인문학의 몰락과 수도권 집중현상, 인터넷 강의의 보편화 현상 등은 앞으로 대학교육의 미래를 결정짓는 중요한 요인이 되고 있다.

앞으로 대학에서 직접 현장에서 수강하는 학생은 전체 수강생의 10% 이내이고 나머지는 화상을 통해 원격으로 수강하게 될 것으로 예측된다. 인터넷 공개강좌가 유행하면서 MIT 교수들의 무료 인터넷 강의가 이미 시작됐다. 제2의 유목민 시대를 맞게 된다. 직장 있는 곳이면 어디든지 옮겨 다니게 된다. 외교관이나 주재원, 자녀교육 등이 목적이다. 인터넷 원격강의가 보편화돼 고비용 캠퍼스 경영이 사라져간다. 미국 대학에서 이미 시작됐다.

세계 교육시장은 몇몇 큰손으로 재편된다. MIT가 초·중·고교를 만들어 장악한다. 적극적으로 인터넷 강의가 강화된다. 대학교와 대학원에서 이미 시작됐다. 대학의 양극화가 가속화된다. 명문 연구중심 대학과 실용위주의 대중대학으로 양분된다. 상위권 학생은 점점 더 명문대에 몰리고 외국 명문대학의 학원으로 전락한다. 평생교육과 기능교육 위주의 대중대학이 주류 대세를 이룬다. 10년 후의 대학을 예측해 미리 대책을 마련해나가는 것이 중요하다.

세계의 중심인 미국 교육은 읽기와 수학이 중요하다. 읽기는 학생들이 새로운 분야를 혼자서도 헤쳐 나갈 수 있는 자생력을 심어줄 수 있기 때문이다. 읽고 나서 토론을 통해 각자의 의견을 교환하면서 상대를 설득하는 기술이 필요하고, 자신이 미처 깨닫지 못한 새로운 아이디어의 흡수나 상대방 논리의 허실을 분석하는 논리력을 키워가게 된다.

미국 교육은 토론위주의 수업으로 영어실력이 관건이다. 가장 가치 있는 일은 소통능력을 키우는 것이다. 미국 사회는 말로 때우는 사회, 나서야 하는 사회, 보여 주어야 하는 사회로 나누어 볼 때, 겸손하고 성실한 사람들의 결과는 발 빠른 얌체들에 의해 수탈되며, 포장과 이름만 바뀌어 되팔려 나가게 된다.

글로벌 시대를 맞아 우리나라에도 외국학교들이 많이 들어오고 있다. 우리식 학습과정을 따르는 것이 아니라 외국 본토방식의 수업을 그대로 적용하고 있다. 다만 장소만 다를 뿐 똑같은 내용의 수업을 지향한다. 세계가 필요한 인재를 키우는 데는 도움이 될 수 있지만 우리나라 고유의 문화나 미풍양속은 빠르게 해체되어 가고 있다. 교육은 100년 대계를 준비해야 한다고 하지만 우리는 당장 발등의 불도 제대로 끄지 못하고 있지 않은가 걱정이다.

노자의 정치사상

양 극 성 을 넘 어 통 일 성 으 로

세상 사람들이 아름답다고 말하지만 이것은 동시에 아름답지 못한 것
이 된다. 세상 사람들이 선하다고 말하지만 이것은 동시에 선하지 못
한 것이 된다. 있는 것 때문에 없는 것이 생기고, 복잡함 때문에 단순
함이 살아난다. 높은 곳이 있어, 낮은 곳이 생기고, 시끄러움이 있어
조용함이 돋보인다. 한정된 것이 있으니 무한한 것도 있다. 현재가 있
어 과거로 이어진다. 그러므로 성인은 행하지 않으면서 일을 이루고,
말하지 않으면서 가르친다. 성인은 모든 것을 자기 내면에서 하나로
만들었다. 만들어내면서도 가지지 아니하고, 삶을 완성하면서도 성공
을 고집하지 않는다. 성인은 고집하지 않으니 잃을 것도 없다.

(도덕경 2장)

노자의 정치사상은 무위(無爲)다. 무위란 하지 않는다는 말이
고, 그 뜻은 상황을 지켜본다는 것이다. 억지로 했을 때 나타나는
결과보다 차라리 그대로 놓아두었을 때의 결과가 더 효과적일 때

가 많기도 하다. 무위는 황금빛 침묵이다.

사람이 가르친다고 되고, 세상이 인위적인 법으로 돌아가는 것이 아니다. 지식이 사람을 사람답게 만드는 것이 아니고, 스스로 부딪쳐 깨어지고 찢어져 나가는 체험이 사람을 만들고, 그러한 체험 속에서 자기도 모르게 만들어진 법이 세상을 살아가게 한다.

구하면 얻어지고 놓으면 잃어버리는 것이 사람의 마음이므로 스스로가 챙겨야 한다. 나의 마음을 찾는 것, 그것만은 남이 해줄 수 있는 일이 아니다. 천하가 전부 자기의 것이라 해도 자신의 마음을 붙들지 못하면 아무런 의미가 없는 것이다.

무엇인가 하고자 하는 자는 무엇보다 먼저 노자의 도(道)를 가슴에 품고 마음을 다듬어 나가야 한다. 그것이 준비다. 행운이 미소 짓기 전에 준비가 있어야 하는 것이다. 기회는 머뭇거릴 줄도 모르고 기다릴 줄도 모르기 때문에 당장 붙잡지 않으면 바로 떠나고 만다. 왕은 아무나 되는 것이 아니다. 준비된 자가 차지하는 것이 왕의 자리다.

사랑을 주고받고자 하는 마음과 의로움을 나누고자 하는 것은 인간의 본래 심정이다. 사랑이나 의로움에 도덕적인 바탕이 없으면 그것이 곧 남과 자신을 해치는 결과를 초래한다.

귀신보다 사람이 더 무섭다. 신령스런 귀신보다 아는 사람이 더 무섭다는 것이다. 사람이 내뿜는 증오나 음모는 귀신도 상상을 초월할 만큼 잔인하고 살벌하다. 사람이 화가 났을 때 내뿜는 성난 기운은 어떤 짐승의 독보다 강해서 능히 상대와 자신을 상하게 하고, 인간이 조작해내는 권모술수는 세상을 뒤집고도 남음이 있다. 자기 세계를 확고하게 지니고 있는 사람은 귀신도 인간도 감히 범접하지 못한다. 이러한 노자의 사상을 생활철학으로 받아들여야 한다.

올해의 사자성어
한 해 의 세 태 를 반 영

올해의 사자성어는 그 해의 세태를 반영한다. 이를 통해 그 시대의 흐름을 파악할 수 있다.

2001년–오리무중 五里霧中

짙은 안개가 5리나 끼어 있는 속에 있다는 뜻으로, 무슨 일에 대하여 방향이나 상황을 알 길이 없음을 이르는 말

2002년–이합집산 離合集散

헤어졌다가 모이고 모였다가 헤어짐을 반복하는 모습

2003년–우왕좌왕 右往左往

오른쪽으로 갔다 왼쪽으로 갔다 결정을 하지 못하고 허둥대는 모습

2004년-당동벌이 黨同伐異

옳고 그름의 여하간에 한 무리에 속한 사람들이 다른 무리의
사람을 무조건 배격하는 것을 이르는 말

2005년-상화하택 上火下澤

'위에는 불, 아래에는 연못'이라는 뜻으로, 불이 위에 놓이고 연
못이 아래에 놓인 모습으로 사물이 서로 이반하고 분열하는 현
상을 나타냄

2006년-밀운불우 密雲不雨

구름은 끼었으나 비가 오지 않는다는 뜻으로, 일이 성사되지
않은 것을 이르는 말

2007년-자기기인 自欺欺人

'자기를 속이고 남을 속인다'라는 뜻으로, 자신도 믿지 않는 말
이나 행동으로 남까지 속이는 행위를 비유

2008년-호질기의 護疾忌醫

'병을 숨겨 의원에게 보이기를 꺼린다'라는 뜻으로, 잘못이 있
는 데도 다른 사람의 충고를 듣지 않는 것을 비유

2009년–방기곡경 旁岐曲逕

'옆으로 난 샛길과 구불구불한 길'이란 뜻으로 일을 바르게 하지 않고 그릇된 수단을 써서 억지로 일을 추진한다는 뜻

2010년–장두노미 藏頭露尾

'감춰진 진실은 언젠가는 밝혀진다'는 뜻으로 진실을 숨겨두려 했지만 그 실마리는 이미 만천하에 드러나 있음을 의미

2011년–엄이도종 掩耳盜鍾

'나쁜 일을 하고도 남의 비난을 듣기 싫어 귀를 막지만 소용이 없다'는 뜻으로 자기가 한 일이 잘못됐다는 생각을 하지 않고 다른 사람의 비난이나 비판을 두려워한다는 의미

2012년–거세개탁 擧世皆濁

'온 세상이 모두 탁하다는 뜻'으로 지위의 높고 낮음을 막론하고 모든 사람이 다 바르지 않음을 비유

5부

깨어 있는 삶의 경구

지식이 사람을 사람답게 만드는 것이 아니고, 스스로 부딪쳐 깨어지고 찢어져 나가는 체험이 사람을 만들고, 그러한 체험 속에서 자기도 모르게 만들어진 자신의 법이 세상을 살아가게 한다.

우리 삶은 평생 배우는 삶과 함께한다. 학교에서나 책을 통해 배운 것은 얕은 지식이다. 깊은 지식인 지혜는 직접 경험에서 우러나온다. 가까운 사람에게 돈을 빌려주거나 보증을 서지 말라는 말은 누구나 기억한다. 그러나 직접 사기를 당하고 원수가 되어야 실감한다.

우리에게는 수많은 가르침과 격언 등이 전해져 온다. 그러나 직접 경험하기 전에는 온전히 체득하기 어렵다. 항상 깨어 있는 자세로 균형과 조화를 이뤄 나가는 삶이 지혜로운 삶이다. 지혜로운 삶은 지혜로운 삶을 경험한 선인들의 사고에서 얻을 수 있다. 한 줄의 글에서 지혜로운 삶의 교훈을 얻을 수 있다면 역시 지혜로운 삶이 열릴 것이다.

다른 사람의 삶과 고민을 통해 지혜로운 삶을 유추해볼 수 있다. 최근에는 법륜 스님의 즉문즉설을 통해 많은 지혜로운 삶의 가르침을 주고 있다. 여기 앞서 경험한 선인들의 말을 통해 지혜로운 삶의 비결을 헤아려보자.

삶의 처세

한 생각이 일어나면 만법(만 가지 생각)이 일어나고, 한 생각이
사라지면 만법이 사라진다.
(원효대사가 해골바가지의 물을 마시고 깨달음을 얻음)

타인의 불행 위에 자신의 행복을 쌓지 마라.
중생이 추구하는 행복은 타인의 불행 위에 이뤄진다.
한쪽만 보지 말고 양쪽을 보면 인생지사 허망하다.

함께 행복해지는 길은 버리는 길(출가)과 경쟁하지 않는 길이다.

분노 없이 세상을 변화하는 것은 혁명이고, 분노로 세상을 변화
시키는 것은 파괴이다.

좋은 일하고 욕 얻어먹어도 받아들여라.

본래 괴로운 것은 없다. 다만 한순간에 마음이 사로잡히기 때문에 괴로움이 생긴다. 기도(연습)를 통해 사로잡히는 마음 없애야한다.

내일을 걱정하는 것이 아니고 오늘의 무사함을 감사하라.

길을 모르면 가르쳐줄 수 있지만 가기 싫은 것을 가게 할 수 없다.

원래 자유나 속박은 없다. 하고 싶은 것을 하는 것은 자유이고 하기 싫은 것을 해야 하는 것은 속박이다. 원하는 대로 다 되면 세상은 망하게 된다. 완전한 자유는 속박이 없는 자유로 해탈의 경지이다. 하고 싶은 대로 하는 것이 자유라는 생각이 잘못된 것이라는 것을 알아야 한다. '하고 싶다·하기 싫다'라는 생각에서 자유로울 수 있으면 해탈이다.

좋고 싫음을 떠나야 지극한 도를 깨우칠 수 있고 고락의 윤회에서 벗어날 수 있다.

수행은 찰나에 있다. 숨이 나오면 나오는 대로, 들이쉬면 들어가는 대로, 지금 깨어 있으면 근심, 걱정 없다. 찰나의 삶을 만끽해야 한다. 그 외의 것을 생각하면 인생이 괴로워진다. 집착을 버려야 한다. 1년 수명이 선고된 암 환자도 집착을 버리면 행복해질 수 있다.

문명의 발달은 실패했기 때문에 이뤄진다. 실패를 두려워하지 말라.

재미있어야 공부가 된다. 수년간 고시 공부하는 것은 무의미하다. 과거급제 하는 것은 백성을 괴롭히는 일이었다. 고시 패스는 남을 이롭게 해야 한다.

인생은 고민할 가치가 없다. 단순히 살아야 한다. 자기 삶을 책임지는 것이 중요하다.

고문해서 억지자백 받아 감옥 보내고 죽이는 게 아니라 단 한 사람이라도 억울한 사람이 나오지 않도록 노력하는 게 지도자다.

이성은 정신적 영역이고 감성은 감정적 영역과 이성적 영역을 합친 것이다. 무의식의 영역을 이성이 제대로 알아차리지 못한다. 실천이 제대로 안 돼 연습(수행)이 필요하다.

억누르는 것은 고행이고 풀어주는 것은 쾌락이다.

인간은 삶에 대해 너무 크게 의미를 부여하기 때문에 괴롭다. 동물은 자신을 낮춘다. 죽음도 마찬가지이다. 죽음은 삶의 한 모습일 뿐이다.

사랑하면 행복하고(좋아하는 마음), 사랑받으면 불행하다(욕구충족 안 돼 미워하는 마음이 생긴다). 산도 사랑하면 좋아진다.

생각의 차이가 창조를 만든다. 단순하고 밝게 살아야 한다. 남과 다른 일을 다르게 한다. 시장을 잘게 나눠 틈새 공략을 한다.

'칭찬의 힘'은 2만 부가 팔렸는데 '칭찬은 고래도 춤추게 한다'고 제목을 바꾸자 20만 부가 팔렸다.

"나는 모든 사람들이 깨달을 수 있다고 말한다. 그러나 나는 모든 사람들이 깨달음을 원한다고 말하지 않는다."–Buddha

술 마시면 나쁘다는 것(상–색)은 잘못된 것이다. 술 마시는 것은 단지 행위일 뿐, 좋은 것도 나쁜 것도 아니다(공). 이 세상 모두 존재하는 것은 공이고, 좋은 행위나 나쁜 행위는 사람의 마음에서 나온다. 부정적 사고의 습관은 나쁜 상을 짓는 습관이다.

자고로 공이 많은 사람은 반드시 시기함을 받고, 지위가 높은 사람은 반드시 의심을 받는다.

정도는 불멸하고 대의는 영원하다. -유비

내가 천하를 배신할지언정 천하가 나를 배신할 수 없다. -조조

한 사람의 목숨이 가치가 없다면 누구 목숨이 가치가 있겠는가?
-스파르타쿠스

장수는 바꾸어도 강산은 망할 수 없다. -주원장

사람은 아무런 걱정이 없으면 심심해한다. 그러면 일을 만들어 걱정거리를 만든다. 걱정거리를 없애려고 노력하게 되고 이런 행위는 반복된다.

종교-모든 종교란 한마디로 인간이 만들어낸 허구이며 가설일 뿐이다. 그런 종교가 마치 사실처럼 버젓이 지금도 번성해 나가고 있는 이유는 무엇인가? 그 까닭은 심오하면서도 교활한 노자

철학 같은 것이 그 바탕이 되어 있기 때문이다. 종교인들은 꾸민 표가 나지 않게 영악스럽게 꾸민다. 모든 일을 다 인간이 조작해 놓고도 그것을 신의 뜻으로 말하며, 대중이 감동할 수 있는 맛을 내어 인간들을 사로잡고 있는 것이다. 사람의 생존전략도 속임수 외 다른 묘수는 없다. -이종오(후흑학)

해탈은 좋고 싫음에서 벗어나는 경지이다. 완전한 자유로 '하고 싶다 · 하기 싫다'라는 생각에서 자유로울 수 있어야 한다. 하고 싶을 때 할 수 있는 조건과 할 수 없는 조건, 하기 싫을 때 할 수 있는 조건과 할 수 없는 조건에서 자유로워야 한다. 내 주관을 따르지 말고 주어진 조건에 맞춰야, 즉 인연에 따라야 한다.

깨달음은 지혜이고, 노하우는 지식이다. 지혜 있는 자는 강하고 지식 있는 자는 힘을 더하게 된다.

꿈이 있어야 희망이 있고 인성이 생긴다.

사람을 젊게 만드는 것이 두 가지 있다. 하나는 사랑이요, 다른 하나는 여행이다. 젊어지기를 원하면 될수록 많이 여행하라.

부조리란 인생에서 의미를 찾으며 성실하게 살아가려는 인간의 의지를 좌절시키는 비합리성의 세계이다. 카뮈는 "인생이 살만한 가치가 있는 것인지 아닌지를 판단하는 일이 철학의 기본과제"라고 했고, 야스퍼스는 "삶의 세계를 논리적 통일성을 가지고 설명하는 것은 불가능하다"고 했으며, 하이데거는 "세계는 고뇌하는 인간에게 아무것도 줄 것이 없다"고 하였다.

빈 병에 무엇을 담고 있느냐에 따라 달라지듯이 사람은 마음에 무엇을 담고 있느냐에 따라 달라진다.

구속은 육체를 자신과 동일시한 결과로 생긴 가공의 행위자이다. 독립적으로 존재할 수도 없건만 자율적 존재라고 지어 놓은 상상의 개념이 행위와 그 결과의 책임을 스스로 짊어짐으로 생기는 것이다.

행복의 비밀은 좋아하는 일을 하는 것이 아니라 하는 일을 좋아하는 것이다.

구도의 길spiritual path—구도의 길을 떠나는 여정은 위대한 여행이다. 아무도 이보다 더 높은 산의 꼭대기에 올라가 본 자가 없고, 아무도 이보다 더 깊은 대양에 뛰어들어 본 자가 없다. 이 여행 자체보다 더 깊은 것도 없고 더 높은 것도 없다. 그러므로 이 길을 걸고자 하는 자는 누구든 아주 긍정적이어야 한다. 궁극적인 것을 추구할 때, 비록 그것을 얻지 못한다 할지라도 그대는 기쁨과 행복으로 충만해질 것이다.

삶과 죽음-삶을 구하기 어려우면 죽음도 가벼이 여긴다. 사람 사는 것이 한없이 복잡한 것 같아도 의외로 간단하다. '죽기 아니면 살기'이다. 현재 상태에 만족하지 못하고 보다 나은 시간과 공간을 찾아 방황하는 게 사람 삶의 전부라 해도 과언이 아니다. 자기 힘이 모자라면 남의 힘을 빌리게 된다.

선(善)의 정의-남을 이롭게 하는 것이 선(善)이고, 자기를 이롭게 하는 것이 악(惡)이다. 만약 남을 위하는 것이라면 다른 사람들에게 고함지르든 때리든 상관없이 그것은 그대로 선이다. 그러나 만약 의도가 자신의 이익을 위한 것이라면 아무리 공경스럽고 예절바르게 보여도 그것은 악일 뿐이다.

세상은 가까이서 보면 비극이지만 먼 곳에서 보면 희극이다. 희극적인 생활을 위해서는 멀리서 보는 노력이 필요하다. 너무 작은 것에 일희일비하지 마라.-윌리엄 셰익스피어

인간은 불행해질 수밖에 없는 존재이다. 있으면 있는 것이 문제

가 되어 괴롭고, 없으면 없는 것이 문제가 되어 고통받는다. 지금 있는 것보다 아직 없는 것을 위해 생을 허비한다. 살아가는 데 없어도 되는 쓸데없는 욕심 때문에 목숨을 바치는 어리석은 짓을 하는 것이다. 언제나 불만이 불안을 조성하고 불행을 만든다. 불만은 상승의 기회를 제공하기도 하지만 대개는 추락의 원인이 됨을 잊지 않아야 한다. 역사는 영원한 승자도 영원한 패자도 없음을 증명하고 있다.

내가 오늘 죽어도 세상은 바뀌지 않는다. 하지만 내가 살아 있는 한 세상은 바뀐다. –아리스토텔레스

누군가가 어떤 일을 할 수 있느냐고 물으면 그 자리에서 할 수 있다고 답하라. 그리고는 그 일을 어떻게 할 수 있는지 알아내려고 최선을 다하라. –테오도르 루스벨트

보수는 부패로 망하고 진보는 분열로 망한다.

얼굴 좋음이 몸 좋음만 못하고, 몸 좋음이 마음 좋음만 못하다.

음식으로 고칠 수 없는 병은 의사도 고치지 못한다.

태산이 무너지더라도 마음을 움직이지 말고, 사졸과 더불어 즐거움과 어려움도 같이하며, 나아가고 물러남을 범과 같이하며, 남을 알고 저를 알면 백번 싸워서 지지 아니하리라. -손자병법

미래는 미래가 있다고 믿는 사람에게만 다가온다. -아놀드 토인비

배움은 아는 것을 찾아내는 것이다. 행함은 아는 것을 증명하는 것이다. 가르침은 다른 이에게 그들은 당신만큼 잘 알고 있음을 알려주는 것이다. -리처드 바크(갈매기의 꿈)

사람을 가르칠 때는 그 사람이 눈치 채지 못하게 가르치고, 새로운 일을 제안할 때는 잊어버렸던 것이 생각난 듯이 말하라. -알렉산더 포프

왜 살아야 하는지 아는 사람은 그 어떤 상황도 견뎌낼 수 있다. -니체

삶에 어떤 의미가 있다는 것을 깨닫는 것보다 최악의 상황에서 효과적으로 살아남을 수 있는 방법은 없다. 방법은 무엇인가를 창조하거나 어떤 일을 함으로써, 어떤 일을 경험하거나 어떤 사람을 만남으로써, 피할 수 없는 시련에 대해 어떤 태도를 취하기

로 결정함으로써 찾을 수 있다. -빅터 프랭클(죽음의 수용소)

철학이란 무슨 현상이 벌어지는지, 왜 그런지, 어떻게 될 것인지
를 생각하는 학문이다.

행복하기 위해서는 두 가지 길이 있다. 욕망을 줄이든가, 가지고
싶은 것을 더 가지면 된다. 그 어느 편도 좋다. -프랭클린

행복으로부터 불행으로 변하는 데는 일순간밖에 필요하지 않으
나, 불행으로부터 행복으로 바뀌기 위해서는 영원한 시간이 필요
할 때도 있다. -유대 격언

포퓰리즘은 대중의 인기에 영합하는 비합리적인 선심성 정책이다.

평화를 원한다면 전쟁을 준비하라.

물은 높은 곳에서 낮은 곳으로 흐르고, 사람은 값이 낮은 곳에서
높은 곳으로 흐른다.

일반인은 죽으면 자유의 끝이지만 노예는 죽으면 자유를 얻는다.
고로 반드시 승리할 것이다. -스파르타쿠스

불안은 시소처럼 균형이 잡히지 않을 때 생긴다. 나라 간이나 개인 간, 부부간, 수입과 지출 간에도 균형이 잡혀야 경제가 안정이 되는 것이다.

'사기'를 읽는 것은 사마천을 읽는 것이다. 역사는 역사가가 조직한 것이다. 진리도 조직화된 것이다. 산다는 것은 자기 자신을 변화시켜 새롭게 해나가는 것이다. 생각은 가슴에서 나온다.
－신영복

활동적인 무지보다 무서운 것은 없다.－괴테

비관론자는 모든 기회 속에서 어려움을 찾아내고 낙관론자는 모든 어려움 속에서 기회를 찾아낸다.－윈스턴 처칠

꿈을 꾸면 목표가 생기고, 목표를 잘게 나누면 계획이 되고, 계획을 하나씩 실행하면 꿈은 이루어진다.－박경리

미래 행복 아닌 현재 행복이 중요하다.

교육은 새로운 것을 배우는 것이고, 훈련은 배운 것을 숙달시키는 것이다.

'나'를 변화시키자

어떤 극한 상황에서도 수행자의 자세는 자신에게서 길을 찾는다.

열등감은 과대망상(우월감)에서 생긴다.

안 되면 될 때까지 노력한다.

부끄러움은 실제 자기상을 보지 않고 허상을 보는 것이다. 보기 싫어지면 우울증이 생기고 극한상황에 이르면 살인이나 자살에 이르게 된다. 모든 사람이 쑥덕거린다고 생각하는 피해망상과 자기에게만 관심이 있는 줄 아는 과대망상은 정신병이다.

후회는 참회와 반성하는 것으로 좋은 경험이므로 학습효과가 있기 때문에 고마워해야 한다.

자기의견을 고집하지 않을 때 중심이 잡힌다. 어떤 의견이든지 이해하고 받아들일 수 있다. 자기의견을 고집하지 않을 때 자기 의견을 관철하기 쉽다.

성실이란 텃밭에 유능이란 씨앗을 뿌려라. 인맥이 금맥보다 더 중요하다. —이영권 교수

생각은 과거(후회)와 미래(불안)에 대한 것이 대부분으로 생각을 줄여야 한다. 생각은 컨트롤 할 수 없이 순식간에 일어난다. 조건 에 따라 일어나는 정신작용이다. 좌뇌는 과거와 미래를 담당하고 우뇌는 현재를 담당하므로 가급적 우뇌를 많이 활용하라.

젊은이에게 실패란 있을 수 없다. 다만 연습만 있을 뿐이다. 연애 도 마찬가지이다.

객관적인 조건이 다르다는 것을 알면 옳고 그름 없다는 것을 이 해할 수 있다. 생각(머리)은 받아들여 이치는 이해되나 반복적인 습관으로 마음이 먼저 반응해 문제가 발생한다. '내 생각이 옳다' 는 생각을 없애야 무의식적인 반응이 일어나지 않는다.

내 주관을 중심으로 하지 않고 주어진 조건에 맞춰야 한다. 즉, 인연에 따라야 한다.

하고 싶고 하기 싫고의 신경을 쓰지 말아야 한다. 4시 따르릉 하면 그냥 일어나야 한다. 일어나야지 하고 결심하지 말아야 한다. 자꾸 결심하면 스트레스 받는다. 그냥 하면 된다.

몸은 할 수 있는데 싫은 마음에 사로잡히면 죽어도 못 한다. 참는 것이 해결책이 아니다.

갈등은 자기 생각을 고집하기 때문에 생겨난다. 자기 의견을 고집하지 않을 때 중심이 잡히고 자기 의견을 관철시킬 수 있다.

몰입할 수 있는 대상을 찾아 꾸준히 실천해 나가는 것이 꿈을 이루는 것이다. 아는 만큼 행할 수 있을 때 비로소 내 것이 된다.

성공의 5가지 법칙은 첫째, 자신의 생각을 분명하게 결정하고, 둘째, 목표를 달성하기 위해 구체적인 계획과 기간을 설정하라. 셋째, 마음속에 그린 인생의 꿈에 진지하게 욕망을 불타오르게 하라. 욕망을 강하게 하는 것이 가장 빠른 지름길이다. 넷째, 할 수 있다는 굳은 신념과 자신감을 가지고 자기의 가능성을 인정하라.

다섯째, 어떠한 장애물이 놓였다고 해도 또는 남들이 뭐라고 말하든 주위의 상황에 구애받지 말고 마음속에 세운 강인한 인내력을 가지고 성취하도록 하라. ─폴 마이어(자기계발교육사업의 선구자)

아는 것만큼 보인다. 무식하면 용감하다. 지식이 깊으면 모르는 것이 더 많아지고, 지식이 얕으면 모르는 것이 없다.

우리들의 마음속에 그린 것을 생생하게 상상하고, 간절히 바라고, 굳게 믿고 열의를 다해 행동하면 그것이 무엇이든 반드시 현실로 이루어진다. ─폴 마이어(베풂의 기술)

두 가지에서 영향을 받지 않는다면 우리 인생은 5년이 지나도 지금과 똑같을 것이다. 그 두 가지는 우리가 만나는 사람과 우리가 읽는 책이다. ─찰스 존스(동기부여 연설가이자 작가)

자기 동기self motivation 부여─자기 자신을 스스로 지도할 수 있는 능력인 자기지도력self leadership을 위해서는 자기 동기가 필요하다. 의미 있는 목표설정과 그 목표를 향해 부단히 노력하는 의지가 요구된다.

나에 대한 사람들의 평가는 내가 스스로를 어떻게 평가하느냐에 따라 좌우된다. -헤밍웨이

사람은 세상을 볼 때 자기 생각 내에서만 본다. 아무리 옳은 얘기라 해도 그릇이 안 돼 있으면 다른 생각을 하게 된다.

우리 세대의 가장 위대한 발견은 '사람은 자기 마음을 고치기만 하면 자신의 인생까지도 고칠 수 있다'는 것이다. -윌리엄 제임스 (하버드대 심리학 교수)

행복을 바라보고 쫓아가는 것은 행복을 누릴 만큼 성숙하지 못한 것이다. 행복, 행복하고 이름 붙여 바라지 않을 때 그때 비로소 세상의 흐름이 당신의 마음에 부딪치지 않을 것이며 당신의 영혼이 안식을 찾게 될 것이다. -헤르만 헤세

지금 잠을 자면 꿈을 꾸지만 지금 공부하면 꿈을 이룬다. -반기문 (UN 사무총장)

역사를 통해 얻는 지혜

불기 2557년(서기 2013년)은 석가가 죽은 해를 기점으로 시작한 것이다. 석가는 29세에 출가해서 6년 수행 끝에 35세에 깨달음을 얻었다. 부처님 말씀은 암송으로 구전해오다 6백 년이 지난 후 500명의 제자가 7개월 작업을 거쳐 복원해서 경전으로 만들었다.

인간의 가치는 오직 승패가 좌우한다. 신은 옳고 그른 것으로 사람을 저울질하지 않고, 선하고 악한 것으로 사람을 재지 않는다. 신은 오직 새로운 역사를 창조할 수 있는 능력자를 높이 평가하고 그를 돕는다. 자신의 선입관이나 오해에 붙들리지 말고 현묘한 도를 이용하여 과감하게 도전해서 승리자가 되라. 위대한 신은 바로 승리자다.

카르마(업)는 형성되어지는 것이므로 소멸될 수 있다. 전생이나 현생의 문제가 아니라 누구나 부처가 될 수 있다.

"주님, 주님께서는 제가 늙어가고 있고, 언젠가는 정말로 늙어버
릴 것을 저보다 더 잘 알고 계십니다. 저로 하여금 말 많은 늙은
이가 되지 않게 하시고, 특히 아무 때나 무엇에나 한마디 해야 한
다고 나서는 치명적인 버릇에 걸리지 않게 하소서. 모든 사람의
삶을 바로잡고자 하는 열망으로부터 벗어나게 하소서."
- 17C 어느 수녀의 기도

병자호란 때 남한산성 굴욕 후 54만 명의 남녀 청년들이 끌려가
는 수모를 당했다.

구시대와 신시대-구시대는 물질적 빈곤시대로 안정성이 중요한
가치였다. 그러나 요즘은 정신적 빈곤시대로 진취성이 중요한 시
대이다. 정신적 빈곤시대에서는 하고 싶은 것을 못 하면 절망하
게 되고, 극도로 절망하면 자살에 이르게 된다. 구시대의 이력서
는 명사형으로 지식소비영수증이고, 신시대의 이력서는 동사형으
로 무엇을 할 수 있느냐에 따라 달라진다.

외부에 아무런 걱정이 없는 평화로운 시기가 계속되면 반드시 근
심이 생긴다. 적국이나 외환이 없으면 도리어 나라가 망하게 된
다. 밖이 편안하면 반드시 안에 걱정이 있다. 편안할수록 위기를
생각하는 居安思危의 지혜가 필요하다.-산도(진나라 죽림칠현)

우리나라 5천 년의 역사 속에 정체성Identity을 사색하고, 국가와 민족·인류를 위해 어떤 삶을 살아갈 것인가 생각하며 자기 동기 self motivation를 부여하는 습관을 길러 나가야 한다. 습관이 운명을 바꾸게 된다.

1933년 미국 대공황은 1929년 증권시장의 몰락에서 시작됐다. 당시 후버대통령(공화당)은 루스벨트 대통령(민주당)에게 정권을 내줬다. 1997년 김영삼 대통령 때 IMF위기를 맞아 김대중 대통령으로 여야(與野)가 뒤바뀐다.

2008년 리먼 브러더스가 파산하면서 금융위기가 촉발됐다. 1980년대부터 잉태되기 시작했다. 대책은 재정금융의 확대이다. 출구전략은 금융재정의 확대를 멈추고 정상적인 금융정책, 재정정책으로 돌아가는 것이다. 시기가 중요한데 고용불안과 투자타격의 영향이 뒤따른다. 너무 빠르거나 늦으면 더블 딥 현상을 초래한다.

하늘God이 언제 선하고 착한 사람 편에서 그들을 도와 좋게 한 일이 있었던가? 하늘은 항상 악하고 독한 사람을 도와 그들을 이롭게 했음을 이미 역사가 증명하고 있다. 하늘이 보는 좋은 사람은 인간의 도덕만으로 분별한 것과는 다르다. 하늘은 큰 뜻을 지니고 보다 나은 種으로 하여금 세상을 새롭게 끌고 가게 하기 위해 선악 같은 것에 치우치지 않는 것이다. 오직 무엇인가를 할 수 있는 능력 있는 자를 보살피고 그를 돕는 것이 하늘이다. 하늘의 도움을 받으려면 우선 상대개념을 넘어서 절대적인 존재가 되어야 한다. 역사를 창조한 사람은 도덕군자가 아니라 선악을 초월한 위대한 능력자였다.

구궐제(求闕齊)-'모자람을 찾는 방'이란 뜻으로 청나라 증국번(曾國藩)의 서재 이름이다. 그는 네 성(省)의 총독으로 최고의 관직을 가져 한 작은 지역의 황제와 같았다. 그는 좋은 교육을 받아 이미 매우 높은 지위에 이르렀으나, 그것이 좋지 않음을 알았다. 대부분의 사람들이 완전을 추구하나 증국번은 절제를 추구했다. 그는 약간 부족하게, 너무 많이 갖지 않으려고 했다. 지위가 올라갈수록 더욱 겸손해야 한다고 믿었다. 이렇게 함으로써 그동안 쌓은 것을 유지할 수 있었다. 그가 쌓은 공덕과 유덕한 행동을 자손들이 따름으로써 그의 자손은 오랫동안 번영했다.

카지노는 천국과 지옥이 동시에 존재하는 관광 명소로 어른들의 놀이터이다. 2006년 카지노 수익 세계 1위 탈환했다. 연매출 283억 달러로 2위 라스베가스 103억 달러, 3위 싱가포르 76억 달러에 비해 우위를 차지한다. 모나코는 카지노 덕분에 국민소득 20만 달러로 세계 1위를 자랑한다.-스텐리 호(마카오 카지노 대부)

1965년 맹호부대 첫 월남 파견 이후 5,000여 명이 사망했고, 15,000여 명이 부상을 당했다. 10억 달러의 수입이 있었다.

19C는 서구열강이 국경을 넘어 약소국을 침략했고, 20C는 약소국이 강대국으로 밀입국으로 침략한다.

1809년에는 런던으로, 1909년에는 뉴욕으로, 2009년에는 중국으로 유학 갈 것이다. -짐 로저스

...

관계 속에서 얻는 지혜

부모와 자식 관계
부모는 선택할(책임) 수 있고, 자식은 선택할 수 없어 책임감이 적다. 감사하는 마음(은혜 갚는 관계)이 필요하다.

부부는 선택의 문제로 선택에 대한 책임을 져야 하며, 이기심 버리고 사랑의 관계로 전환해야 한다.

왜 짜증을 내나? 사람은 근원적으로 자신이 옳다는 생각을 가져 자기중심으로 세상을 인식하기 때문에 문제가 발생한다. 내가 옳다는 생각에 사로잡혔을 때 짜증이 일어난다.

재산 물려주는 것, 권력 물려주는 것, 종교 물려주는 것은 좋지 않다. 환원해야 한다.

사람이 원하는 것, 바라는 것 모두 이뤄지는 것이 좋은 것이 아니다. 원하는 것이 안 되는 것이 세상 이치이다. 모두 부자가 될 수 없고, 모두 서울대에 갈 수 없다. 이루어진다고 특별히 좋은 것도 아니다. 이치 아는 깨달음이 지금 문제해결을 하는 데 중요하다. 이치를 모르면 괴로움이 생기고 죽음을 생각하게 된다.
–법륜 스님

오늘이 좋으면 내일이 좋다. 이승이 좋으면 내세도 좋다. 인생에 자신 있어야 한다. 지옥이나 천당은 인생을 잘 못사는 것을 반영한다. 내일 어떻게 될지 모르는데 죽은 뒤 어떻게 알겠는가?

부모나 형제, 남편, 아내를 욕하면 나의 긍정이 없어진다. 자존감이 없어진다.

삶과 죽음–살아 있을 때 죽음 생각하고 삶을 모를 때는 무지이고, 삶을 제대로 아는 것은 깨달음이고, 죽음을 알려는 것은 망상이고, 여기(삶) 있을 때 삶을 생각하고 죽은 후 사후 걱정하는 것이 지혜이다.

결혼은 기대가 크면 실망도 크다. 고르고 고르면 실패할 확률이 높아진다. 기대가 크기 때문이다. 아무나 만나는 것은 기대가 크

지 않다. 상대에 대해 간섭하지 않는 것을 이해할 수 있어야 한
다. 나이에 관계없고 안 되면 수행이 필요하다. 맞는 상대는 없
다. 다만 허상이다. 맞춰나가야 한다.-법륜 스님

아는 사람에게 돈 빌려 주는 것은 떼일 정도면 충분하다. 배신하
는 것이나 배신당하는 것은 원래 없다. 다만 욕심이 문제이다. 잘
해주는 사람이 사기 치지 욕하는 사람이 손해 끼치지 않는다.

다름을 인정하는 것은 존중하는 것이다. 있는 그대로 상대를 인
정하는 것, 한발 더 나아가 상대 입장에서 이해하는 역지사지 정
신이 필요하다. 인간관계의 핵심은 존중과 이해이다.

인간고통의 근본은 다양성을 인정하지 않는 것이다. 남의 인생에
간섭하지 말아야 한다. 때리는 것, 해를 끼치는 것, 성추행이나
성폭행, 속이는 것, 욕하는 것, 술 먹고 취하는 것만 안 하면 된
다.-법륜 스님

사물을 보는 두 가지 눈이 있다. 있는 그대로 보는 것과 상을 짓
고 보는 것이다. '어떻게 해야 한다'는 간극이 클수록 문제가 발생
한다.

대중 앞에 떨리는 것은 잘하고 싶은 마음 때문이다. 생긴 대로 하면 떨지 않고 잘할 수 있다.

이타적인 사랑의 동기가 성공을 좌우한다. 공자는 덕치의 대중화를 추구했고, 록펠러는 석유의 대중화, 세종대왕은 언어의 대중화, 헨리 포드는 자동차의 대중화, 빌 게이츠는 PC의 대중화를 추구했다.

지속가능한 창조의 선순환-핵심역량을 개발하고, 강화시키며, 확산시키는 창조적인 행위로 핵심은 구조조정과 차별화이다. 기반조성-구조조정-차별화-핵심역량 강화-새로운 인접영역으로의 확대로 선순환이 이뤄져야 한다.

유대인은 초등학교 3학년까지 세상사는 방법을 배우게 된다. '학교에서 무엇을 배웠느냐'가 아니라 '학교에서 무슨 질문을 했느냐'를 묻는다.

깨진 유리창의 법칙-지금 자신의 허점을 발견해 고쳐 나가야 사소한 원인과 큰 봉변당할 결과를 예방하게 된다. 행동이 습관을 만들고, 습관이 성품을 만들며, 성품은 인격과 운명을 좌우하게 된다. 의지와 집념과 노력으로 정신 똑바로 차리고 살아야 한다.

21C 성공 키워드는 네트워킹, 융합, 팀워크, 퓨전, 시너지, 통섭, 윈윈전략, 소통이다.

시각차-안에서 밖을 보지 말고 밖에서 안을 보자.
한국에서 아무리 문제를 찾아 해결하려고 해도 무엇이 문제인지도 잘 모른다. 대신 다른 다라에서 한국을 보면 무엇이 문제인지 잘 보이고 해결책도 보이게 된다. 여행의 중요성이 여기에 있다.

3不(3가지 갖추지 말아야 할 것)-영재(천재성), 암기력, 안전성
3才(3가지 갖추어야 할 것)-전문성, 창의성, 인성

일류, 이류, 삼류-일류는 새로운 세상을 직접 만드는 것이고, 이류는 새로운 세상에 잘 적응해 나가는 것이며, 삼류는 새로운 세상에 적응하지 못하고 도태되는 것이다.

미움과 질투, 시기와 혐오는 좁은 안목과 무지에서 비롯됐다. 그것은 우리가 가진 가장 슬프고 아픈 모습이며 부질없고 이기적인 자기파괴에 불과하다는 사실을 느낀다. 매일 반복되는 노동으로 인한 고단함, 문화와 언어의 차이로 인한 고립감, 미국인들 사이에 점점이 박혀 흩어져 살고 있는 외로움, 아무도 알아주지 않는 쓸쓸함, 떠나온 고국과 고향을 향한 그리움, 이런 것들이 일상 속

에서 물씬 풍겨져 나온다. ―니나 안(세상에 환상을 입혀라)

공정사회―교육, 여가, 성장의 몫(분배), 건강 등의 혜택이 골고루 나눠진다. 떳떳이 일하며 한 구성원으로서 자부심을 가질 수 있는 일자리 창출, 한쪽에 치우치지 않은 더불어 사는 삶을 추구하는 사회이다.

미래의 주인―기업의 CEO는 마음산업을 이끌 만한 감성리더십을 갖추고, 기업은 강력한 감성 바이러스가 담긴 이야기가 있는 상품을 내놓아야 한다. 마음산업을 선점하는 자가 미래의 주인이 된다.

마음산업―제5산업으로 '하이테크'의 수준을 넘어선 '하이터치'의 산업이자 高감성, 高부가가치 산업이다. 시장의 감성화가 가속화되면서 마음산업은 엄청난 규모로 확장되고 있다. 제1산업부터 제4산업까지는 사람들의 필요에만 주목한 산업인 반면, 제5산업인 마음산업은 사람들의 욕망에 주목해 새로운 시장을 개척하고 전혀 새로운 차원의 부가가치를 창출해낸다. 마음산업 시대의 승자가 되려면 개인과 조직의 마인드 파워를 키워나가야 한다. 조직은 스토리텔링이 강한 감성CEO를 원한다. 시장은 감성 바이러스가 넘치는 이야기가 있는 상품을 원한다. 마음을 뒤집어 보자.

차별화시킬 자신만의 무엇인가 자신만의 감성 바이러스를 발견해내고, 나아가 그것을 자신의 삶에 담아 자신만의 이야기를 만들어내야 한다. 어눌해도 좋고 서툴러도 좋다. 다만 자기 목소리를 담은 이야기여야만 거기에 사랑이 열리고 미래가 펼쳐진다.-정진홍(인문의 숲에서 경영을 만나다)

자아의 파멸에 이를 만큼 심각한 사태에 직면한 인간은 자신을 지탱해주고 있는 것이 진실로 무엇인가를 묻게 되고, 이런 진실의 순간에 인간은 오만하거나 이기적이었던 자기중심적 생각에서 벗어나 공동체를 위한 창조적 삶을 선택하는 계기를 맞는다.-프리즈 쿤켈(정신심리학자)

제품이 시장에서 잘 팔리려면 그 제품에 대해서 고객이 느끼는 가치가 가격보다 커야 한다. 이 진리는 시장에 나온 제품뿐만 아니라 사회에 나온 인간에 대해서도 성립한다. 누구나 조직에서 환영받으려면 그가 받는 급료보다 더 큰 가치를 조직에 기여할 수 있어야 하기 때문이다. 나의 존재가치는 고객이 알아준다.

불교 교리의 뿌리는 네 가지 숭고한 진리, 苦·集·滅·道에 있다. 그리고 이 사성제는 각기 결과와 원인으로 나누어져 있다. 즉, 하나는 고통과 고통의 원인(集)이고, 다른 하나는 고통(苦)의

멸과 고통의 멸을 실현시키는 道이다. 고통은 질병과 같다. 그리고 그 질병을 초래한 외부적인 조건과 내부적인 조건이 고통의 원인이다. 질병과 그 질병의 원인으로부터 벗어나 치유된 상태를 고통의 滅이라 하고, 질병을 치유한 약을 道라 한다.

지도자leader가 되고자 하는 자는 여러 가지 기질을 다 가질 필요는 없다. 그러나 사람들에게 그런 좋은 기질을 다 가지고 있는 것처럼 보일 필요는 있다. 온정이 넘치고, 신뢰를 존중하고, 공명정대하고 신앙심이 두터운 것처럼 보이게 하는 것이 중요하다는 말이다. 그러면서 지도자는 그런 미덕을 버려야 할 때는 완전히 버리고, 그 반대의 짓도 서슴없이 할 수 있는 이중성을 갖추고 있어야 한다. 이런 천사와 악마 같은 이중성을 갖는 것이야말로 생명의 본성을 찾는 것이고, 아무도 뚫을 수 없는 방패를 가지는 것이 되고, 어떤 방패라도 뚫을 수 있는 창을 가지게 되는 것이다.

뇌-인간의 5대 욕구-생존·힘·자유·소속·즐거움-사람이 행동양식을 바꾸려 할 때 재미, 즉 즐거움이 있어야 한다. 강요가 아닌 내재적 동기에 의한 동인이 있어야 한다. 그러면 도파민, 세로타민, 엔도르핀 등 신경전달물질 나오게 된다. 암환자가 생각을 바꾸고 긍정적이면 통증이 없어진다. 항암치료를 하면서 즐거움을 생활화하고 웃음이나 긍정적인 생각은 혈류량을 증가시킨다. 반면에 스트레스는 혈류량을 감소시킨다.

강한 자나 약한 자나 살아남는 방법은 자타(自他) 간에 이해의 일
치점을 찾는 것이다. 서로가 손익계산이 맞아 떨어지면 조화는
저절로 찾아지지만 손익계산이 어긋나면 과거가 어떠했고, 미래
가 어떠하다 해도 조화는 불가능해지고 만다.

각기 원하는 바가 저절로 실현되게 하려면 서로가 기르고 섬기려
는 자세로 타협에 임해야 한다. 대국은 허세나 오만을 버려야 하
고, 소국은 아첨과 맹종을 버리고 화합의 요체를 찾아야 하는 것
이 싸우지 않고 이기는 길이다. 강자가 겸허하면 저절로 복종하
게 되고 저절로 승리하게 되지만, 화합의 원리를 무시하면 마침
내 인심을 잃게 되고 적을 만들고 만다. 천하를 평화롭게 만들자
면 강자는 다투지 않고 이기는 원리를 터득해야 하고, 약자 역시
겸하함으로써 원하는 바를 얻어내는 술수에 능해야 한다.

세계의 대세는 북(北-선진국)에서 남(南-후진국)으로, 서(西洋)
에서 동(東洋)으로 흐르고 있다. 글로벌 체제를 어떻게 끌고 가느
냐가 관건이다.

종업원에게는 기쁨을, 소비자에게는 만족을, 기업에게는 이윤을

보장할 수 있도록 기획하고 설계해야 한다.

관절염 예방-무릎 펴고 다리 올리기, 옆으로 누워 다리 올리기, 벽에 기대어 앉았다 일어서기, 의자에 앉았다 일어서기 등이 효과가 크다.

사람은 세상을 볼 때 자기 생각 내에서만 본다. 아무리 옳은 얘기라 할지라도 받아들일 그릇이 안 돼 있으면 다른 생각을 하게 된다.

자식의 키는 부모의 키를 더한 것에 아들은 13을 더하고 딸은 13을 빼서 2로 나누면 평균이 나온다.

노시보 효과nocebo effect-플래시보 효과placebo effect의 반대개념으로 실제 이익이 있는데 마음이 받아들이지 않아 효과를 얻지 못하는 것으로 어리석음의 상징이다.

인생에서 성공하려면 당장 시급하지 않지만 중요한 일에 몰두하라.-스티브 코비

흙이 삶을 살린다.-고제순(흙집학교 교장)

건강한 삶을 위해서는 혈압 120-80, 혈당 100, 맥박 65, 콜레스테롤 60 이하 유지하도록 운동하라. 혈관을 맑고 깨끗하게 유지하기 위해서는 장시간 저강도의 하체운동이 중요하다.

국민의식이 성장한 만큼 걸맞은 지도자가 나온다. 과거의 지도자는 지식과 권위, 힘에 바탕을 두고 있으나, 미래의 지도자는 민주적으로 운영하는 소통에 역점을 두고 업무를 나눠주고 통합하는 역할을 한다.

피그말리온 효과pygmalion effect='긍정의 힘'으로 간절히 원하면 기적이 일어난다. 항상 긍정적인 마음으로 즐겁게 살면 건강한 생리작용으로 만병의 근원을 차단하게 된다. 조각가였던 피그말리온은 아름다운 여인상을 조각하고 그 여인상을 진심으로 사랑한다. 여신 아프로디테(로마신화의 비너스)는 그의 사랑에 감동하여 여인에게 생명을 불어넣어 주었다.

자기충족self-fulfilling은 타인의 기대나 관심, 혹은 자신의 긍정적 기대에 따라 능률이 오르거나 결과가 좋아지는 현상이다. 자기충족적 예언은 기대와 믿음을 가지면 결국 그 사람이 기대되는 방향으로 행동하고 성취하도록 이끌 수 있다는 것이다.

호손효과Hawthorne effect는 어떤 물리적 환경보다 인간관계가 중
요한 역할을 한다는 이론으로 외부적 환경 변화뿐만 아니라 조직
내부의 인간관계가 좋으면 생산성이 향상된다는 것이다.

리더는 직원들의 꿈 관리자다. 경영이란 일에 대해 직원을 효율
적으로 배분하는 일이다. 리더십은 사람에게 초점을 맞추어 사람
들이 성공할 수 있도록 도와주는 것이다. 리더는 고객에게 봉사
하는 사람이면서 동시에 일이 성공적으로 완수되도록 하는 사람
으로 부하들이 스스로 꿈을 이루도록 도와주는 꿈 관리자가 되어
야 한다. ─야후 CEO 캐롤 바츠

'정의란 무엇인가?'는 "수입이나 부, 권력이나 기회, 명예나 인정
등 혜택이라고 볼 수 있는 것들은 어떻게 분배돼야 하며, 도덕적
이거나 정신적인 의견충돌에 어떻게 대처해야 하는가?"에 대한
질문에서 시작된다. 사회를 어떻게 조직하는 것이 좋은지, 삶을
어떻게 살아야 하는지 등 커다란 질문들에 대해 고민을 하기 때
문에 내 강의를 도덕을 답사하는 여행처럼 생각한다. 고민을 계
속하다 보면 자신이 믿는 바가 무엇인지, 그것을 왜 믿는지 스스
로 이해하게 된다. ─마이클 샌델

자기능력 밖에 마음을 내면 괴로워진다. 괴로워지면 건강이 나빠

지고 친구관계도 나빠진다. 능력이 있더라도 검소 절약하며 살아야 한다.

대권을 준비하는 사람들이 항상 얼굴이 경직되고 양복만 입고 있는 모습이 국민들에게 어떻게 비치겠는가? 웃는 모습도 보고 콤비도 입고 유머도 해야 할 것 아닌가?-장만기(인간개발연구원장)

문제의식은 마치 문제가 없는 것처럼 꾸며져 있는 일상적인 세계 속에서 여기저기 도사리고 있는 문제점을 꿰뚫어 볼 수 있는 날카로운 의식이다. 허위의식은 복잡한 현상을 짐짓 단순화시키고 잘못된 상황을 그럴 듯하게 꾸민 거짓된 현실인식이다. 허위의식은 대체로 아름다운 수사의 낱말들로 꾸며져 있어서 사건을 홀리거나 속인다. 그 속이 더럽고 부끄러울수록 허위의식은 깨끗하고 떳떳한 낱말들로 장식된다.-본 회퍼(신학자)

권력을 한 사회 안에서 복잡하면서도 정교하게 작용하는 인간 지배의 기술과 전력으로 인식하고 권력의 전략적 목표를 인간의 신체로 파악했다. 왕권시대의 권력이 인간의 신체에 대한 잔인한 폭력이나 고문과 같은 공포의 행위로 권력의 존재를 과시하는 것이었다면, 근대의 권력은 감옥의 제도를 통해 자신의 모습을 감추면서 신체를 보다 부드럽게 통제하고 지배하는 기술을 발전시

켰다는 것이다. —미셸 푸코(감옥의 탄생)

좌뇌형은 이성적이고 논리적이고, 우뇌형은 상상력과 직관력이 뛰어나다. 좌뇌형은 합리적, 이성적, 1차원적, 분석적, 언어 및 문법, 문자적, 객관적, 시간에 예민하고, 정확하다. 우뇌형은 공상적이고, 직관적이며, 즉흥적이고, 전체 통합적이며, 시각화 및 제스처, 지각적이고, 주관적이며, 시간에 개의치 않고 모호하다.

최소한의 소비로 최대의 자유를 구가하며 나물과 물로 어떻게 자본주의에 대항할 것인가를 몸소 실천했다. —스콧 리어링

행동하지 않는 양심은 악의 편이다. —김대중 대통령

지배적인 생각이나 마음가짐은 자석처럼 비슷한 것을 끌어당기는 법이므로 마음가짐이 어떠하든 그에 어울리는 조건이 삶에 나타날 수밖에 없다.

아는 것은 실천해야 힘이다. 실천하지 않은 앎은 진정한 배움이 아니다. 성공의 원리는 이처럼 간단하다. —호아킴 데 포사다(마시멜로 이야기)

누구나 완전할 수는 없다. 아는 척하는 것으로 포장을 잘하는 것
뿐이다. 지식의 깊이는 끝이 없다. 한곳에서의 진리가 다른 곳에
서는 통하지 않는다.

행복한 일을 생각하면 행복해진다. 비참한 일을 생각하면 비참해
진다. 무서운 일을 생각하면 무서워진다. 병을 생각하면 병이 생
긴다. 실패에 대해서 생각하면 반드시 실패한다. 자신을 불쌍히
여기고 헤매면 배척당하고 만다. -데일 카네기

평범한 삶을 사는 것이 가장 행복한 삶이다.

강자와 약자는 생활방식이 같을 수 없다. 자존심만 내세우는 약
자가 생존하기 어렵고, 관용 콤플렉스에 매몰되어 자신의 힘을
활용하지 못하는 강자는 그 지위를 유지하기 어렵다.

마음이 아픈 것은 육체의 아픔과 같다. 육체의 고통을 치유하듯
이 마음의 고통도 치유해야 한다. 육체의 고통을 겪게 되면 온 신
경세포가 집중된다. 마음의 고통도 오만가지 생각이 집중된다.
생각을 너무 많이 하면 피로감이 쌓이고 병이 생기거나 나약해진
다. 건강해지려면 생각을 줄여야 한다. 정신적 문제 많으면 심신
이 피로해진다.

다른 사람들에게 관심이 없는 사람은 인생을 사는 데 굉장히 어려움을 겪게 되고, 다른 사람들에게도 해를 끼치게 된다. 인간의 모든 실패는 이런 유형의 인물에서 비롯된다. -알프레드 아들러 (심리학자)

오길창(吳吉昌)

제주대학교 영어교육과를 졸업하고, 경희대학교에서 석사와 박사 학위(관광학)를 받았으며, 런던과 상하이에서 수학하였다. 중고교에서 교사, 경희대학교에서 겸임교수를 역임했다. 15년간 제주신문과 제민일보에서 기자생활을 했으며, 삶의 의미를 찾아 30여 나라를 여행했다. 삶과 죽음을 넘나드는 경험을 통해 구도자적인 자세로 인간의 본질과 삶의 본질을 깨우치는 수련을 계속하고 있다. 웰니스(Wellness)도 박사논문의 핵심 키워드이다.

앞머리에 엽총 산탄을 맞고 40년 넘게 총알이 박힌 채로 살아가고 있으며, 재수시절에는 연탄가스에 중독돼 열흘간을 저세상에 갔다가 돌아왔다. 어릴 적부터 인간과 신, 인생, 숙명과 운명에 대해 근원적인 고민을 해왔고, 닥치는 대로 책을 읽어 왔다. 세계를 누비며 다른 이들의 삶도 돌아봤다.
'스스로 부딪쳐 깨어지고 찢어져 나가는 체험이 사람을 만들고, 그러한 체험 속에서 자기도 모르게 만들어진 법이 세상을 살아가게 한다'는 데 전율을 느낀다. 건강과 행복한 삶이 저승이 아닌 이승에서 이뤄지기를 바란다. 아직도 답을 찾아가는 과정이다. 완전한 자유로움을 얻지 못했다는 반증이다. 완전한 자유는 죽음이라는 것이 어렴풋이 보인다. 법륜 스님의 말씀처럼 '나'에게서 답을 찾으려고 노력한다. 세상에는 공짜가 없고 평범한 삶이 가장 행복한 삶이라는 데 공감하며 집 없고 고향 잃은 이들에게 돌아갈 곳이 있는 보금자리를 찾아주는 일을 하고 싶다. 지혜로운 삶을 살기 위한 인간탐구의 길은 오늘도 지속된다.

인간탐구
웰니스 삶을 위하여

초판인쇄　2013년 6월 20일
초판발행　2013년 6월 20일

지은이　　**오길창**
펴낸이　　**채종준**
펴낸곳　　**한국학술정보(주)**
주　소　　**경기도 파주시 문발동 파주출판문화정보산업단지 513-5**
전　화　　**031) 908-3181(대표)**
팩　스　　**031) 908-3189**
홈페이지　http://ebook.kstudy.com
E-mail　　**출판사업부** publish@kstudy.com
등　록　　**제일산-115호(2000.6.19)**

ISBN　　978-89-268-4324-6　03040 (Paper Book)
　　　　　978-89-268-4325-3　05040 (e-Book)

이담
Books 는 한국학술정보(주)의 지식실용서 브랜드입니다.